내가 느낀 군대,
나만의 병영 일기

김봉주 지음

내가 느낀 군대, 나만의 병영일기

초판 1쇄 인쇄   2007년 12월 5일
초판 1쇄 발행   2007년 12월 10일

지은이   김명돌
펴낸이   손형국
펴낸곳   (주)에세이
출판등록   2004. 12. 1(제395-2004-00099호)

주   소   412-791 경기도 고양시 덕양구 화전동 200-1 한국항공대학교
          중소벤처육성지원센터 409호
홈페이지   www.essay.co.kr
전화번호   (02)3159-9638~40
팩   스   (02)3159-9637

ISBN 978-89-6023-151-1 03810

이 책의 판권은 지은이와 (주)에세이에 있습니다.
내용의 일부와 전부를 무단 전재하거나 복제를 금합니다.

2
김봉주 에세이

내가 느낀 군대,
나만의 병영
일기

김봉주 지음

추 천 사

최재선(한국산업기술대학교 교수)

'내가 현실에 불만족하는 이유는
만족을 향해 정진하기 위함이고,
어려움이 있어도 참아내는 이유는
미래에 넓게 펼쳐질 내 꿈이 있기 때문이다.'

- 김봉주의 글에서

    2003년 가을. 봉주 군이 대학국어 수업시간에 조지훈의 '민들레꽃'을 낭송하던 날을 기억한다. 큰 키에 서글서글한 모습, 이제 막 미지의 땅에 이른 개척자다운 패기와 호기심, 열정으로 충일하던 대학 1년 시절. 대학신문사 기자로 생활하면서도 그는 늘 성실했다. 꿈을 꾸고, 이루어야 할 꿈 때문에 마음은 넉넉하고 행동을 절제할 줄 아는 제자였다.
    군에 입대할 시간이 되고, 그 나이의 젊은이들이 가고 오듯이 그 역시 무사히 제대를 했다. 반가웠다. 그런데 그가 제대 인사차 만난 자리에서 훈련병 시절부터 전역하기 전날까지 하루도 거르지 않고 일기를 썼다고 했다. 육아일기, 독서일기, 병상일기, 연애일기, 여행일기 등 다양한 종류의 일기를 대했지만 '병영일기'라니, 내게는 생소할 뿐이었다.
    다음 날 그는 손 때 묻은 몇 권의 병영일기장을 가져왔다. 집요하리만치

세밀하게 적어둔 그날그날의 군대체험과 그로 인한 사유의 흔적 때문에 상급자에게 매도 많이 맞고, 일기장을 빼앗기기도 하며, 일기 쓰는 일 자체를 제지당하기도 했다고 한다. 그만큼 그의 일기 안에는 군생활의 빛과 그림자가 적나라하게 드러나 있었다. 내밀한 삶의 기록이라 열어 보이기 어려웠을 텐데 그는 정직한 날의 기록이라며, 있는 그대로를 보여주었다.
　읽으면서 여러 번 놀랐다.
　첫째는 타율적으로 주어진 삶의 행로를 따라야 하는 시간 속에서도 깨어있는 정신으로 자신에게 일어나는 일의 과정을 날마다 기록해 내는 그의 의지와 열정에 놀랐다. 인간이 자신의 삶의 과정을 기록한다는 것, 평범한 사병의 눈으로 군생활의 일상을 가감 없이 적어낼 수 있었던 의식의 진보가 내게는 어느 역사보다 진실하고 가치 있게 여겨졌다. 우리가 바라는 아래로부터의 역사, 대항 역사가 이런 작은 기록에서 시작될 수 있다는 믿음이 들었다.
　봉주가 자랑스러웠다. 일기 속에는 자기 앞의 생에 대한 고뇌와 젊은 의기, 정직한 분노와 절망까지, 군대라는 특수한 공간 안에서 느낄 수 있는 사람의 이야기들이 살아있고, 지금, 여기의 현실과 중첩되면서 보다 깊고 넓게 인간의 모습, 끊임없이 부딪치는 인간다움의 의미를 생각할 수 있게 해 주었다.

떠남을 통해 떠난 터전을 돌아보게 하는 성찰, 관계에 대한 새로운 인식, 가족의 소중함에 대한 깨달음은 이제 곧 미래를 향해 나아가야 하는 젊은이에게 필요한 과정일진대 군대 체험을 통해 그러한 것을 통렬히 배운다면 그 시간은 결코 헛되지 않다고 생각했다. 그래서 명암이 교차하는 군생활의 실상과 다양한 인간 군상이 어우러지는 군대 풍경을 기록한 일기를 그대로 책으로 만들어 보자고 했다. 책은 소박한 개인 기록의 갈무리였다.

'가정은 행복을 저축하는 곳이지, 행복을 채굴하는 곳이 아니다. 서로 얻으려고만 하는 가정은 늘 불안하나 주려고 하는 가정은 화목하다. 하루하루 조금씩 가정에 행복을 저축하자. 서로 얻으려고 하지 말고, 조금씩 주려는 마음을 기르자.'

군대의 화장실 소변기 위에 적힌 위의 구절을 메모지에 적어 두고 편지에 담아 보내며, 가정의 소중함을 깨닫고, 부모님을 이해하지 못했던 어린 시절의 잘못에 대해 용서를 구하는 모습은 아름답기 그지없다. 스승이 있으나 더 많이 나누고 보여주지 못한 인간다움의 지표를 스스로 찾아내고, 올곧게 세상을 살아가려고 애쓰는 착하고 순결한 젊음 앞에서, 나는 제자를 통해 배운다.

 수고하지 않아도 자라는 나무처럼, 문득 스승보다 높이 자라버린 제자의 모습은 그저 감사하고 놀라울 뿐이다. 청출어람 청어람(青出於藍 青於藍)의 이치다. 때로는 거칠고, 미욱한 면이 있을지라도 내가 봉주 군의 글을 마음으로 읽었던 것처럼, 많은 동료와 후배들 역시 한 젊은이의 진실한 기록 앞에 용기를 더해 주기 바란다.
 이 땅의 젊은이들에게 군대 체험이 의미 있고 소중한 기억으로 남을 수 있길 기대하며, 추천서를 쓰는 기쁨을 준 제자 김봉주 군에게 감사를 전한다.

병영일기를 쓰게 된 계기

　이 순간을 얼마나 고대해 왔던가, 빡빡하게 3월에 전역하여 어른들이 말씀하신 대로 바로 학교에 복학하여 학기가 끝나서 이 글을 완성하기까지.
　내가 군에 입대한 가장 큰 이유는 대한민국 국민의 4대 의무중 하나인 국방의 의무를 지켜 남은 인생 떳떳이 살아보기 위함이 가장 큰 이유이다. 하지만 그것도 그것이지만 도대체 군대가 어떤 곳이고, 어른들이 흔히 말하는 남자는 군대를 갔다 와야 진짜 어른이 된다는 말이 어떤 뜻인지 너무나도 궁금했기에 군에 지원했다.
　물론 국방의 의무가 아니었다면 가지 않았을 테고 병역특례를 받아 산업체에서 일할 수도 있었겠지만, 난 군대를 선택했다. 그래서 군대에 대한 모든 것들을 몸소 체험하고, 느끼며 알 수 있었다.
　그러한 목표가 있었기 때문에 병영일기를 쓰는 데에는 어려움이 없었고, 다만 주위에서 날 괴롭히는 그들(?)이 있었기에 좀 화가 났을 뿐이었다.
　이 글은 철저하게 내가 느낀 점을 토대로 쓴 것임을 밝혀둔다. 같은 군 생활을 했어도 사람 얼굴 생김새 다르듯 느낌 자체가 다를 것이다. 물론 힘든 지역의 부대의 군인들은 날씨와 훈련으로 좀 더 고생을 하기는 하겠지만, 별반 차이는 없다고 생각한다.
　2년 동안의 통제된 생활, 사랑하는 사람들과의 잠깐의 멀어짐, 먹고 싶은 것을 자유롭게 먹지 못하고, 피 끓는 나이에 만나고 싶은 여자들을 만나지 못하고, 잠자고 쉬고 싶을 때 마음대로 그렇게 지내지 못하는 젊은이들의 생활, 한마디로 자유와 멀어져 스스로 자신을 통제하고, 인내해야만 하는 2년의 시간이 주어진 것은 동일한 것이기 때문이다.

나는 이등병 때부터 군 생활자체를 기록하는 데 게을리하지 않았고, 시중에 출판되어 있는 많은 병영에 관한 책들과는 좀 차별성을 두려고 노력했다. 그 차별성이란, 최대한 군 생활에 대해 솔직하게 기록한 것이다. 난 군대를 좋게만 말하는 예찬론자도 아니고, 나쁘게만 말하는 비관론자도 아니다. 다만 내가 생각했을 때 이건 좋다, 나쁘다, 라고 자유롭게 이야기하고 싶어 그런 것뿐이다. 내가 좋다고 한 것을 남들은 나쁘다고 말할 수 있고 내가 나쁘다고 한 것을 남들은 좋다고 말할 수 있다. 하지만 난 남들의 말에 전혀 개의치 않으려 노력했으며, 내가 얻은 것과 잃은 것들을 적나라하게 표현하려고 했다.

군대에서는 어떠한 일들이 벌어지는지는 몰랐지만 별로 두렵지 않았다. 분명 그곳도 사람 사는 곳일 테고 힘들다고는 하지만 난 그리 약한 놈이 아니라는 것을 내가 더욱 잘 알기 때문이다. 입대하는 순간에도 나 혼자, 전역할 때에도 나 혼자였다. '이 세상은 스스로 이겨내야 하는 일들이 너무나도 많다' 라는 것을 난 진작 알고 있었던 것이다.

책을 쓰게 된 건 군에 입대하기 전부터 계획했다. 병영일기 책 출간이라는 목표를 달성하기 위함이고, 정말 고맙게도 이 목표를 달성할 수 있도록 나에게 많은 경험을 하게 해준 군대라는 곳에 감사의 마음을 표한다.

독자들은 이 책을 보면 군대에 가고 싶어질 수도 있고, 군대는 '역시 갈 만한 곳이 못되는구나' 라고 느낄 수도 있다. 왜냐하면 난 이 두 가지를 군 생활 중에 모두 느꼈기 때문이다. 내가 느낀 최대한의 것들을 기록하려고 애썼다. 기쁨, 희열, 슬픔, 좌절, 분노, 인내 등 많은 일들이 2년 동안에 일어났다. 2년이라는 시간을 무사히 보낸 지금의 내가 지난날을 생각해보면 그리 길지 않은 시간이었다라고 느껴지기는 하지만, 계급이 낮을 당시의 하루하루는 정말 지옥 같고, 하루가 한 달처럼 느껴지는 날들의 연속이었다. 그 기억을 평생 잊지 않기 위해 이렇게 글을 썼다.

목차

제1장 훈련병 #01

2005년 3월 21일, 군복을 입다_ 14
통신병으로서 첫 교육수업_ 22
기도는 나의 힘_ 29
파라다이스 후반기 교육을 뒤로하며_ 37

2장 이병 #02

전입_ 40
100일 휴가_ 46
유격! 유격!_ 54
실수 연발_ 61
이등병의 여름_ 65

#03 3장 일병

추석_ 72
중대장님의 마지막 정신교육_ 76
첫 외박_ 80
정식 파견_ 87
웃긴 선임, 어린 선임_ 92
지금, 이곳은_ 96
나의 미래는 밝다_ 99
파견지 생활을 마치며_ 107
혹한기 훈련_ 108
일병 생활의 기억_ 115

#04 4장 상병

1차 정기 휴가_ 118
시시각각 변하는 세상_ 128
볼거리_ 130
팽성 중계소 관리_ 134
상병은 부대의 중추적 역할_ 137
안보교육_ 140
물리적 충격_ 143
두 번째 유격_ 147

#05 5장 병장

허튼짓_ 152
병장이 되다_ 155
뜨거운 승부욕_ 160
군수물품 사적 유용_ 162
세상은 넓고 사람도 많다_ 165
군 생활이여, 안녕!_ 167

6장 더하기 #06

공공의 적, 간부_ 170
알고가자, 군대!_ 178
에필로그_ 192
낭만 군인_ 202
편지_ 209
우리는 그들을 기억해야 한다_ 222
thanks to_ 223

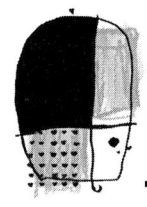 훈련병  #01

2005년 3월 21일, 군복을 입다

훈련병 때, 긴장한 모습이 역력하다

군대란 곳은 그리 무서운 곳이 아니라고 생각했다. 별로 두렵지도 않았고, 외롭지도 않았다. 또 날 두고 논산에서 쓸쓸히 눈물 흘리시며 올라가실 그대들의 뒷모습을 보고 싶지 않았다. 그래서 논산훈련소까지 쫓아오겠다고 하시던 가족들과 여자친구를 내 고집으로 이겨내어 나 홀로 그렇게 빵 한조각과 함께 입소대대에 입소를 했다.

'우르르' 한번 모였다가 다시 한 번 가족들을 만나는 시간을 잠시 주었지만, 나에게는 별 의미가 없었다. 막사에 처음 발을 내딛는 순간에는 값싼 모나미 볼펜 한 자루가 손에 쥐어졌다. 아직 민간인들이라서 그런지 전혀 군기가 들지 않은 모습들이 기억에 남는다. 처음이라서인지 왜 이리 쓸 것들이 많은지…. 사방에 볼펜 똑딱거리는 소리가 끊이질 않는다. 좀 참아야겠다는 생각이 들 무렵, 역시 훈육관의 기합은 우렁찼다. "볼펜 똑딱이지 않습니다."

처음 먹는 짬밥. 물론 어머니께서 해주셨던 음식과는 어찌 비교할 수 있겠냐만은 그리 맛없지는 않았다.

입소대대는 TV에서 방송된 것과 별 다를 것이 없었다. 정말 똑같이 해서 신기하다기보다는 별 흥미가 느껴지지 않을 만큼 그랬다. 밖에서 입었던 옷을 군복으로 갈아입고, 옷을 정성스레 포장해서 집으로 보내고, 돈이 정말 필요 없다고 해서 옷 속에 2만 원가량 가져온 여비를 편지와 함께 넣어 보냈다. 이제 난 진짜 군복 입은 군인으로 다시 태어나게 된 것이다.

드디어 일주일이 지났다. 그리 짧게도 그리 길게도 느껴지지 않았지만, 군 생활이 계속되고 있다는 것에 대하여 감사의 마음과 자부심이 조금은 느껴진다.

21일에 입소대대에서 25일 아침까지 군복과 기본적인 제식교육을 했는데, 훈련소 내무실에 와보니 입소대대 때가 편했다는 느낌이 든다. 오늘 오전에는 15분 정도의 입소식을 위해 1시간을 넘게 연습했는데, 햇빛도 오래 봤고, 오래 서 있었기 때문에 어질어질했다. 잘 이겨 냈지만 그냥 서 있는 것도 쉽지만은 않았다.

입소대대 때에도 19번 훈련병. 내가 외우기 쉬운 번호들이었는데 이번에도 23번 훈련병. 내가 좋아하는 번호들이라 외우기가 쉬워서 좋다. 오늘 오후에는 기본 이론 예절교육과 육군의 역사 등을 교육대장님의 강의를 통해 들었는데 좀 졸아서 안타까웠다. 다음번 교육에는 졸지 말아야겠다.

드디어 3월의 마지막 날, 집 나와서 아픈 게 제일 서럽다고 하더니 의무실 진료 하루를 받은 오늘은 내게 정말 긴 하루였다.

목이 슬슬 가렵더니 오늘 아침이 조금 지난 후엔 열도 좀 났었다. 어제 사격의 정조준을 너무 늦게 외워서 짜증났었는데, 스트레스 때문에 병이 악화된 것 같았다. 오늘 오전엔 몸이 아파 왜 이렇게 서럽고 집 생각이 나던지 정말 집에 가고 싶었다. 20여 년간 편하게 키워주신 부모님께 감사함을 느꼈다.

지금도 학교생활을 하고 있는 친구 생각도 했다. 지금도 열심히 공부를 하고 신문을 만들고 있겠지. 나의 입대 하루 전 저녁에 내가 부럽다고 했었던 친구다.

나도 정말 올바른 선택이었다. 군대, 정말 잘 왔다. 때가 너무 좋았고, 여기도 사회와 별반 다를 게 없다. 오늘은 의무실 진료를 받았다. 의무실에 갈까 말까 고민을 많이 했지만, 병이 더 커지기 전에 진료를 받았다.

의무실에서 약을 받은 후 식사를 하고 약을 먹었다. 이 약을 먹고 반드시 호전되어야 한다. '분명 그렇게 될 것이다' 라고 마음을 먹는다. 내무생활이 불편한 것들은 없지만, 감기가 너무 유행인 것 같다. 옆에 전우가 좀 호전되면 내가 걸리고, 내가 나아지면 옆의 전우의 상태가 안 좋아지는 릴레이 감기. 이 감기 릴레이가 언제쯤 끝날 수 있을까.

사격훈련에 들어갔다. 오전에 강의를 듣고 오후에는 밖에 나와서 실습을 했다. 오전에는 정신교육이라고 해서 중대장님께 군 생활 즐기기라는 주제로 강의를 들었다. 별생각 없이 강의를 듣다가 졸려서 졸았는데, 강의 끝나고 나오는 도중에 누군가가 내 어깨를 주물러주는 것이었다. 누군가 해서 돌아봤는데, 내 눈을 피하며 얼굴을 숙이는 것이었다. 그래서 난 그냥 잘 아는 전우겠지 하고 별생각 없이 그냥 계속 주무르라고 둔 다음 나의 내무실에 도착할 때 즈음 뒤를 돌아보니 아까 강의를 하셨던 중대장님이셨다. 나는 황당한 마음을 감출 수 없었고, '감사합니다' 라는 인사를 드리기만 했다.

중대장님의 모습은 오랫동안 잊을 수 없을 것 같다. 중대장님. 정말 병사들의 마음을 먼저 아시고, 대해주시는 분. 군 생활의 6년을 모두 마치시고, 전역을 앞두신 분. 사회에 나가서도 그 분을 만날 수 있을까? 한번 사진이라도 같이 찍고 싶었지만, 여의치가 않았다. 다시 한 번 만나서 사회에서 서로 큰 사람이 되어 만날 때에 밥이라도 한번 사드리고 싶다.

식목일이다. 오전에는 신막사 근처에서 배수로 청소를 했고, 오후에는 지정구역 청소, 안보관 시험, 짬짬이 편지도 썼다. 휴일이라 훈련도 없었고 쉬는 시간도 평일에 비해 많았지만, 정해진 틀을 벗어날 수는 없었다. 이제 우리 소대가 배식도 맡게 되었다. 경계근무도 서야하고, 계속 바쁘게만 되는 것 같다.

자대배치 받기 전에 벌써 몸이 이렇게 나른해지면 안 되는데, 걱정이 앞선다. 군인도 휴일은 쉰다고 하긴 하지만 입대 후 주말을 뺀 첫 휴일인데 많은 작업이 오늘을 압박했다. 처음에는 불평도 많았지만, 1중대 1소대라는 자부심을 잊지 않았다. 우리 분대장님께서 들려주시는 자부심 이야기는 하루하루 반복된다. 우리 연대가 훈련소에서 가장 선봉이라면 우리연대의 선봉 중에서도 우리 소대는 선봉중의 선봉이다.

우리 소대는 다른 소대에 비해 뛰어나야 하고, 남들이 하기 싫어하는 힘든 일들, 누군가가 해야 할 일들을 우리가 먼저 해야 한다는 것이다. 퇴소할 때 즈음이면 노력의 결과가 나타날 것이라는 장담을 하시는 우리 분대장님. 말씀 가운데 자신감이 넘치는 모습이 너무 좋다.

효도 서신을 보낸 지 열흘이 지났을까? 답장이 왔다. 기뻤는데 편지 속에는 별 내용이 없었다. 그래도 반갑기는 했다. 종이 한 장이 오늘 하루의 피로와 피곤을 한방에 날릴 수 있게 해주리라는 것을 어찌 알았겠는가?

이제 나도 군인이라는 생각이 조금씩 들어가고 있다. 초등학교, 중학교 때에 군인 아저씨들에게 위문편지를 썼던 때가 엊그제 같은데 내가 바로 그 위문편지를 받아야 할 군인 아저씨가 되었다니 세월이 참 빠르다는 생각을 한다. 나에게 주어진 2년, 이 세월 동안 내가 느꼈던 빠른 시간처럼 후딱후딱 지나갔으면 하는 생각을 해본다. 참 행복한 주말이었다.

사격술 예비훈련(PRI)을 밖에서 할 줄 알았는데 내무실에서 했고, 그리 많은 시간을 하지는 않았지만, 격발에 감을 좀 찾은 듯했다. 또한 자유시간도 많았다. 주중에 받은 여러 통의 편지에 답장 쓰기로 바쁜 하루였던 것 같다. 참 시간이란 게 신기하다는 생각을 매일매일 한다. 정말 하루하루 사람 마음먹기에 따라서 즐거운 일이 슬퍼질 수 있고, 슬픈 일이 기쁜 일이 될 수 있다고 생각한다. 쉬는 날이나 잠시 쉬는 시간이 되면 시간은 왜 이리도 빠른지 참 신기하다. 하지만 작업을 할 때나 훈련을 받을 때면 내 마음과 시간은 일치하지 않는다. 물론 쉬는 시간이 기다리고 있는 작업을 할 때면 열심히 하기 때문에 시간이 빨리 갈 때도 많지만, 군 생활을 하는 데 있어서 정말 중요한 건 긍정적으로 사고하는 것과 적극적인 마음가짐이다. 절대 잊지 말아야겠다.

오전부터 이론교육을 하고, 훈련용 수류탄으로 많은 기간 동안 수류탄 던지는 법에 대해 배웠다. 처음엔 솔직히 겁을 많이 먹었는데, 해보니까 별것 아니었다. 자신이 좀 조심하기만 한다면. 다행히도 가장 위험한 두 가지의 훈련인 사격과 수류탄 던지기가 모두 사고 없이 잘 끝났다.

수류탄 던지기보다 더 힘들었던 건 수류탄 훈련소까지 걸어가는 것. 약 1시간 정도 걸었는데 정말 오랜만에 뒤꿈치가 아팠다. 물집 잡혔나 생각하기도 했었는데 다행히도 괜찮았다. 무엇보다 우리 내무실에 감기 환자가 많아서 큰일이다. 평소 기침을 많이 하던 6번 훈련병은 안타깝게도 유급이다. 감기가 옮지 않았다면 그렇게 되지도 않았을 텐데, 많이 안타깝다는 생각을 하기도 했지만, 분대장님께서는 정말 우리 전우들보다 더욱더 안타까워하시는 모습이 역력했다. 부모님의 마음이라 해야 맞을까? 분대장님은 정말 정이 많으신 분 같아 너무 좋다. 무서울 때는 무섭지만, 진심으로 우리 훈련병들을 대해주시는 분대장님, 이러한 분대장님을 만난 것을 정말 행운으로 생각한다.

지혈과 인공호흡법이 기억에 남는다. 그중에서도 분대장님께서 하신 말씀이 기억에서 지워지질 않는다. 분대장님은 정말 소위 말하는 꼬인 군번이라며 자신을 소개했다. 자신이 자대배치를 받았을 때 일병과 이병이 상, 병장보다 많다면 군 생활이 제대할 때까지 쉽지 않다고 했다. 또 군대에 오기 전에 모두들 중간만 가면 좋다는 말을 들었을 거라는 말도 했다. 하지만 군대에서는 그 중간을 찾기가 많이 힘들다고 했다. 그럴 바에는 뭐든 자신이 하려고 노력하고, 다른 사람들이 몰라준다고 하더라도 나중에는 알아주게 될 것이라며 자신이 할 일을 생색내고 그럴 필요는 없다고 했다. 언젠가는 모두 알게 될 것이고, 진실은 없어지지 않기 때문이다.

아무 생각하지 말고 현실에 최선을 다하면 대가는 언제든 있게 마련이고, 2년이라는 시간이 그리 길지만은 않다는 조언도 잊지 않았다.

그의 눈빛에는 무서움과 두려움보다는 자신감에 찬 눈빛만을 우리에게 보여주었다. 그의 열정과 마음가짐을 닮고 싶었다. 또한 군 생활의 편안함을 느낄 수 있었다. 꼬인 군번이라 자유시간이 극히 부족했던 자신에 비해 이번 기수는 정말 편해진 거라며 우리를 위로했다. 뭐 사회에 있을 때에도 요즘 군대는 정말 편해졌다는 말을 많이 듣기는 했지만 다른 사람들의 말과는 조금은 다르게 느껴졌다.

나도 상병쯤 되면 저렇게 될 수 있을까? 미래에 대한 두려움은 뒤로 한 채 두 눈 가득한 자신감으로 머리끝에서부터 발끝까지 잡힌 각. 군인다움, 남자다움. 정말 진정한 멋이 무엇인지 그에게서 느낄 수 있었다. 뭐든 열심히 하는 내가 될 것이다. 얼마 안 걸릴 것이다. 2년이란 시간을 뒤로 할 때가.

오늘은 화생방 훈련으로 정말 힘들었다. 숨도 못 쉰다는 것이 이런 것이라는 것을 느꼈다. 꼭 지옥 같았고, 머리도 아프고 살도 따갑고, 눈물, 콧물, 침, 진짜 모두 다 나왔다. 아직까지도 목도 걸걸 하고 머리가 띵 한 것 같다.

두 통의 편지가 피곤한 나를 회복시켰다. 어머니는 내 걱정만, 여자친구는 학교생활 이야기를 주로 했다.

'화생방 훈련이 힘들긴 했지만 지금 난 정말 잘 지내고 있다. 감기 기운이 조금 있기는 하지만 나름대로 적응을 잘했고, 재미도 있다. 사회에 있을 때에는 머리 아픈 일도 많았을 텐데, 여기는 그런 것도 없고 시키는 것만 잘하면 되니까. 물론 몸이 많이 피곤하고, 통제 받는 것들이 많기는 하지만 여기도 사람 사는 곳이고, 다 사는 게 거기서 거기 아니겠는가. 잠을 제대로 자면 그 다음날 정말 안 피곤하고 활동을 제대로 하는데, 잠을 설치니까 오전, 오후 일과 시간에 졸거나 하는 일이 있기 때문에 문제가 생긴다. 잠을 잘 자야 하는데…' 라는 답장을 보냈다.

분대장에게 보고하지 않고, 화장실 가는 것이 그렇게 큰 잘못인지 몰랐다. 오늘 그렇게 많이 먹었나? 화장실을 두 번씩이나 갔다. 시기도 안 좋았지만, 정말 큰일이 될 뻔했는데 처음이라서 그냥 좀 혼나고 넘어갔다.

일병이 될 때까지 혼자서 움직이지도 못한다는 게 좀 어이가 없긴 하지만 이것도 군대의 규율이니 어쩔 수 없이 따라야만 한다. 그래도 다행인건 내게 이런 일이 큰일이라는 사실을 자대에 가기 전에 알게 되었으니 다행이라고 생각한다.

'보고, 보고, 어딜 가든 상관에게 보고해야만 한다!' 명심해야겠다.

군 생활하며 느낀 것인데, 군대라는 곳도 참 재미가 있는 곳이라는 생각이 든다. 훈련소에 있을 때 내가 속한 1소대에는 열외 자가 거의 없었다. 다른 소대 혹은 다른 중대에는 꽤 열외 인원이 많았던 것으로 안다. 특히 야간 행군 때에는 한 소대가 뿔뿔이 흩어져 겨우겨우 훈련을 받는 모습에서 열심히 최선을 다하는 모습이 보이기는 했지만, 한편으로는 다른 사람은 다들 이겨내는데, 자신 혼자 낙오되어 남들에게 피해를 주고, 주위의 시선을 안타깝게 만드는 이들이 많아 씁쓸했다.

우리 중대의 선임이 숙영 때 장애물을 넘다가 무릎 밑 다리 부분을 많이 다치게 되어 훈련 열외를 할 때 한말이 생각난다. "저곳(열외 자 모여 있는 곳)에 앉아 있으니까 패배자가 된 기분이 든다."라며, 훈련을 계속하는 의지를 보였다.

소대 선임. 이 친구가 사회에 있을 때 그의 모습은 어땠을지 모르지만, 내가 지금 생각하는 이 친구는 리더십이 있고, 봉사할 줄 아는 멋진 훈련병이다. 5주 동안의 훈련을 단 한 번의 열외 없이 이겨낸 내가 자랑스럽게 여겨진다.

통신병으로서 첫 교육수업

　여기서는 정말 은혜가 넘치는 주일을 보낼 수 있을 것 같다는 생각을 오늘 저녁 예배 때 하게 되었다. 민수기는 불평을 진노로 바꾸고, 감사는 더욱 큰 감사함을 줄 수 있다고 했다. 교회에서 목사님의 귀한 말씀을 듣고 나온 지 얼마나 지났을까? 난 또 불평이라는 죄를 지었다.
　담당구역을 청소하라는 방송에 "오후에 했었는데 왜 또 하라는 거야?" 하면서, 관물이 칼각이 잡히지 않은 내 잘못을 옷의 박음질 탓을 하며 나도 모르는 사이에 습관적으로 불평을 했다. 어떻게 이렇게 하루에도 수많은 죄를 짓고 살아간다는 말인가. 정말 내 자신이 많이 부끄러워지고, 죄책감마저 들었다. 정말 은혜롭고 즐거운 교회 통신학교의 교회는 오랜 시간 잊지 못할 것 같다.
　교관님께서 먼저 보여주신 통신병의 장점이 눈에 먼저 들어왔다. 예전 군대의 통신기기는 사회의 통신기와 많은 차이를 보였다고 한다. 하지만 지금은 그 차이가 많이 줄어들어서 학업의 연장이 될 수 있다고 했다. 또한 최전방에 자대배치를 받지 않고 전방에 가며 걷지도 않는다고 했다. 여름에는 에어컨, 냉방이 완비된 곳에서 작업을 하기 때문에 불편한 것도 많이 없다고 했다. 정말 장점이 많은 것 같다(이후 자대 생활은 그렇지 않았다는 것을 알고는 교관이라고 모두 다 알고 있는 것은 아니라는 것을 느꼈다. 같은 주특기이지만, 어떤 부대에서 복무를 하느냐가 주특기를 많이 하고 적게 하고의 차이를 만들어 내고, 훈련 강도의 차이도 무시 못 한다는 것을 알게 되었다).

다만 졸면 큰일 난다는 것과 수업진도가 너무나도 빨라서 따라가기가 힘들다는 것을 언급했다. 진정으로 대학 수업 듣는 것과 너무 비슷하다. 오늘 수업을 들으면서 디지털과 아날로그의 차이를 제대로 설명하지 못했다는 것에 내 자신이 너무나도 수치스러웠다. 그래도 전자공학과를 2년 동안이나 다녔음에도 불구하고 나 자신을 속여 가며 학교를 다녔고, 공부도 아주 거의 안했으니 아는 것도 없는 게 당연하지만, 성적도 안 좋았고, 학비도 아깝고 시간도 아깝고, 부모님에 대한 죄송스러움에 울고 싶어졌다.

저녁에는 교리라고 해서 하나님에 대해 알아가는 시간도 가졌다. 이곳은 정말로 종교 활동을 자주 시켜주기 때문에 그 점도 너무 장점인 것 같다. 2년 동안 예배를 드리고 찬양을 하면 많은 것도 배울 수 있을 것이고, 배우고 또 배워서 남에게 가르침을 줄 수도 있는 사람이 될 것 같아 기분도 좋고 감사는 더 큰 감사를 낳는다고 했다. 요즘 내 생활이 감사함 그 자체이다. '시간을 허비하지 않는 그런 군 생활이 되었으면' 하는 다짐을 해본다.

경계근무를 섰다. 다행히 무사히 잘 마쳤다는 데에 감사함을 느낀다. 처음에 호루라기를 받아 행정반에서 보고를 했다. 기간병과 간부들이 없어서 부담스럽지 않아 편안한 마음으로 하고, 경계시간을 적고, 학생대대에

탄알집을 받으러 갔다. 가면서 보고하는 것도 별것 아니라고 생각했었는데, 학생대대에 도착 후 기간병들이 시간 전에 오기는 했지만 나보다 좀 많이 늦게 와서 걱정을 좀 했다. 너무 빨리 도착한 내가 잘못인가?

훈련소에서도 그랬듯이 경계근무에 대한 두려움 같은 건 없었다. 비효율적이라는 생각을 하긴 했지만, 자대배치 후 있을 경계근무에 대한 연습이라고 생각했다. 1시간 30분이라는 시간이 그리 길게 느껴지지 않았다. 이유는 같이 경계근무를 선 기간병이 착했고, 함께 이야기도 나누었는데, 정말 득이 되는 이야기도 많이 나누었고, 생각이 있는 사람이라는 생각을 했기 때문이다.

직업군인에 대한 생각을 물어봤는데, 별로라고 했다. 수명이 꽤 짧다고 했다. 규정에도 진급을 어느 정도 못하면 옷을 벗을 수밖에 없다고 했고, 사회에 나가면 특별히 할 게 없다며 권유하지 않았다. 아직도 내 마음은 갈등을 하고 있지만, 좀 더 많이 전역 쪽으로 기운 듯하다.

며칠 전에는 정말 너무 심심해서 잘 안하려고 했던 장기를 둬 버렸다. 시작을 하면 안 되는 거였는데, 조금 후회가 되기는 하지만 시작한 지 사나흘 동안 무패 행진을 계속하고 있다는 점에서 뜻 깊기는 하다. 물론 장기 또한 승패가 있는 게임이기 때문에 자존심이 강한 상대끼리 만나면 감정도 상할 수도 있고, 기분을 풀려고 했던 게임인데 오히려 기분이 안 좋아질 수 있는 게 게임이다. 그래서 시작 안하려고 했는데, 가만히 앉아서 독서나 할 것을 괜히 시작했다는 후회가 밀려온다.

어제는 이명박 전 시장의 '신화는 없다' 라는 책을 꽤 많이 읽었는데, 졸린 눈을 부비면서 본 책이다. 오랜만에 독서를 해서 참 새로웠다. 책을 많이 읽고 싶다는 생각이 많이 들었다. 책을 많이 보는 시간이 돼야겠다.

정말 편해서 자대배치 후가 두려운 통신학교의 생활과 PX 이용이 가능한 토요일이다. 오전에만 학과 교육을 받고, 오후부터는 많은 자유를 누렸다. PX에 가서 전화카드와 초코바와 과자 그리고 편지지와 봉투를 구입했다. 오랜만에 먹은 초코바의 맛이 정말 좋았다. 그런데 별로 피곤하지도 않은 이 생활에서 어제와 오늘 코피가 났다. 많은 양은 아니었지만 그래도 기분은 좋지 않다. 피를 봤는데 어찌 기분이 좋으리오.

400원만 주면 세탁도 해주고, 너무 좋다. 물론 잘 할 수 있겠지만 얼마 후 있을 자대배치 후 잘 적응을 할 수 있을지 꽤 궁금하다.

밥 당번을 하고 있을 때였다. 아침식사를 하고 나서 밥 판을 철 수세미로 닦는 도중, 물이 회색빛을 띠게 되는 것을 보게 되었다. 밥 판에서 쇳가루가 섞여 나오는 것일까?

철수세미가 갈리는 건 아닌 것 같은데, 밥 판이 갈려서 밥 판에서 나오는 것 같았다. 분명 그 밥 판에 밥을 해 먹으면 분명 득이 되지는 않을 텐데 이걸 어찌해야 할까?

매일 밥 판에 밥을 쪄 먹기 때문에 쇳가루가 계속 올라올 텐데, 그걸 우리가 모두 먹는다는 것인데 한번 조사를 해보고 싶다.

밥 당번을 하면서 느낀 것이지만, 한 중대에 할당되는 밥은 4판. 평소 우리 중대가 소비하는 밥의 양은 3판 미만. 하지만 취사병은 항상 4판을 준다. 3판이면 충분하다고 말해고, 어차피 남는 거니까 더 가져가라고 한다. 남는 것은 버리는 것인데, 정말 아깝다. 하지만 어쩔 수 없이 한 끼에 한판 정도는 매 끼니마다 버려졌다.

군대 축구를 처음으로 했다. 전반 1시간, 후반 1시간 짧지 않는 시간이었지만, 그리 길게 느껴지지 않았다. 2시간을 끌려 다니는 축구를 했고, 최종 6:4로 지는 게임을 했다. 많이 답답했다.

오후에 게임을 해서 햇볕이 너무 강렬했다. 얼굴이 따끔거릴 정도로 그래도 너무 재미있었다. 운동을 한지 너무 오래되어서 다리도 아프고 그랬지만, 게임 중에도 다툼이 있을 정도로 승리에 대한 집착이 컸다. 별것도 아닌데, 욕심은 어쩔 수 없나보다.

내가 입교 직후와 지금의 상태가 많이 변했다는 말을 들었다. 처음에는 조용히 있고, 말도 많지 않았는데 지금은 말도 많아지고, 장난도 많이 친다고 한다. 그게 이상한 건가? 변한 모습이 이상하게 느낄 수도 있겠지만 이렇게 기가 살아서 날 뛰는 게 나의 진정한 모습과 좀 더 가깝다고 느끼는데 동기 녀석들이 아직 날 잘 모르는 것 같다.

물론 자대에 가서 또 입교 초와 비슷하게 조용해 질 것이고, 또 적응하면 변했다는 이야기를 듣게 될 것이다.

사람이 갑자기 변하는 모습을 보이면 좋지 않은데, 좀 더 나를 다스리는데 신경을 써야겠다. 말을 할 때에도 상대방과 입장을 바꾸어서 생각해 보고 한 박자 쉬고 말을 하도록 하고 우선 말 수를 줄이는 연습을 해야겠다. 말은 정말 안 할수록 좋은 것 같다는 생각을 했다. 나 자신을 먼저 이겨야 상대를 이길 수 있다는 마음이 무엇보다 중요하다.

어제 여자친구가 보낸 편지에 전화카드 한 장이 들어 있었다. 물론 내가 사도 되는 물품이었지만, 여기서 받는 월급으로 약간 부담스러운 물품이기도 하기 때문에 너무나도 고마웠다. 여자친구에게 정말 고마운 생각도 들고, '정말 사랑스럽다' 라는 생각이 든다. 열심히 해야지. 오늘은 정말 부담 없이 부모님, 동생, 여자친구, 선배들께도 전화를 많이 했다. 정말 기분이 좋았다. 이곳의 생활은 너무 편하다.

실외에서 실습을 했는데, 실내에서 하던 것과는 느낌이 많이 달랐다. 위장막 설치, 안테나 설치 및 분리법을 배웠고, 오후에는 훈련장에서 위장막을 발전기와 쉘터에 직접 설치했다. 힘든 건 없었고, 야외 실습이라 시간도 잘 가고 좋았지만, 쉬는 시간과 낯선 환경이 날 어리바리하게 만들었다.

장비가 그리 익숙하지 않아 조교들에게 욕도 많이 먹으며 조금씩 배워 나갔다. 자대에서 실제로 훈련을 하게 되면 정말 욕을 많이 먹을 것 같은 생각이 든다. 주특기 공부를 어느 정도 해야겠다. 사회에서 쓰일지 안 쓰일지는 잘 모르겠고, 흥미가 잘 안가지만 열심히 노력해서 나를 이 장비들에게 적응시키도록 해야겠다. 2년 동안 함께 할 장비를 잘 못 다룬다는 것도 웃기지 않는가.

난 왜 이리 잡생각이 많은지. 미래에 대한 불안감이 내 머리를 떠나지 않는다.

'The future is now' 어디서 이런 문구를 본 기억이 아련하다. '지금이 미래이다' 지금 내가 선 자리에서 최선을 다하는 것, 그것만 잘하면 되는 것을 알고는 있지만 잘 되지 않고 있다.

태어나서 가장 아름답게 느껴졌던 파랗고 선한 하늘, 그리고 나에게 희망을 준 서진규. 보름달. 오늘 하늘, 날씨는 진정 봄의 기운을 많이 느낄 수 있게 해주었다. 내 머리 위 하늘은 정말 파란 하늘, 저 멀리 보이는 하늘은 연한 파란색, 하늘색이라고 말하고 싶지 않다. 하늘의 색은 시시각각 변할 수 있으므로 예전에 흑인들이 살색을 살색으로 하지 말라고 법정 공방을 했던 기억도 난다.

〈나는 희망의 증거가 되고 싶다〉 희망을 주는 책, 남들이 보기에 크게 성공한 사람들 대부분은 집이 가난하다는 공통점이 있다는 것을 느꼈다. 많은 책을 읽어보지 않았지만, 대략 강한 의지. 무엇보다 가난해도 공부를 하겠다는 의지가 그 가난을 극복하게 해주었고, 군대라는 곳은 그 가난에서 벗어날 수 있었던 피난처이자 나라를 지킨다는 자부심을 준 서진규에게 진정 큰 힘이 된 곳이었다. 하지만 과연 '학업과 일을 병행할 수 있을까? 라는 생각이 많이 들었다.

　보름달 또한 밝았다. 음력 4월 16이라 완전한 원을 그리고 있지는 않았지만, 달의 모습은 정말 밝았던 날이다. 이래저래 자연의 모습과 책, 이 여유를 하나님께 감사드린다.

　우표 5장, 로션, 편지, 전화카드를 여자친구에게 부탁을 했다. 로션을 보내 달라고 열흘 전 쯤에 편지를 붙였었다. 일주일이 넘게 걸려 받았다는 소식에 군 편지는 너무 느리다는 것을 느꼈다.
　'애가 아직도 안보낸 건가?' 하는 마음으로 불신의 마음과 평소 사이가 좋지 않았던 보급병에 대한 의심도 커져만 갔다. 하지만 오늘 소포를 받은 후엔 보급병과 여자친구에 대한 의심이 싹 사라졌다. 정말 좀 더 의심하지 않고 기다리지 못한 내 자신이 한심했고, 미안한 마음도 많이 들었다. 다음부턴 절대 그러지 말고 인내하는 내가 될 것이다.
　오늘로써 주요과목이 끝났다. 다음 주에는 네트워크 쪽을 배운다고 했다. 담임 교관님께서 이제 더 이상 볼일이 없다고 했다. 잘 먹고 잘 살다가 건강하게 전역하기 바란다는 교관님의 말씀과 후배들을 위한 개선되어야 할 설문을 뒤로 한 채 교과수업을 마쳤다.

기도는 나의 힘

곁에서 힘이 돼 줬던 3월 동기

이게 무슨 운명의 장난이란 말인가. 오늘 오후 12:00~14:00까지 경계근무가 있다. 그런데 공교롭게도 후반기 통신학교 교육 수료기념 사진 촬영이 1시부터이다. 경계를 서게 되면 사진촬영은 못하는 것이다. 나와 함께 근무를 하는 전우는 타 중대 전우와 시간을 바꿨다고 했다. 나는 이 사실을 11시가 넘어서야 알았고, 대부분의 다른 중대 전우들은 연병장에서 축구시합을 하고 있었다.

12시부터 경계라면 11시 반까지 중대 행정반에 보고를 하고 총기를 들고 나와야 하기 때문에 나에게 남은 시간은 얼마 없었던 것이다.

주기는 쉬워도 받기는 어렵다고 했던가. 많이 베풀지는 않았지만, 기회가 닿는 대로 입교한 지 얼마 되지 않은 후임 전우들을 도우려고 했고, 특히 배식의 밥 당번들에게는 기회가 있을 때면 밥 판도 닦아주고 잘해줬는데 경계를 바꿔달라는 부탁에 정말 냉담했다.

대부분이 축구시합으로 지쳐 있었고, 땀도 흘린 상태였기 때문에 샤워를 해야 한다고 했고, 철저히 이기적인 표정으로 자신의 일이 아니라는 듯 쳐다보고 있었다. 그 무렵 시간은 11시 20분경. 결정을 해야 했다. 난 사진을 포기하고 경계근무를 나가려는 순간, 마지막으로 다시 한 번 부탁을 했다.

운이 좋았다. 시간적 여유가 있는 후임 하나가 동기의 권유로 바꿔주겠다는 것이었다. 선임들보다 동기의 말을 잘 듣는 건 좀 의문스러웠지만 난 지체할 시간이 없었다. 얼른 중대로 복귀하여 근무시간을 바꿨다.

12시 근무자는 먼저 식사를 했어야 했는데, 교대자는 시간이 없어서 밥도 못 먹었다. 난 교대해준 그 친구 걱정에 편안히 밥을 먹을 수가 없었다. 그래도 밥 당번에게 교대자 밥을 남겨 달라고 부탁을 했기 때문에 교대자는 식사를 할 수 있을 거라고 생각했다.

찜찜한 마음이었지만, 어쩔 수 없이 사진을 찍기 위해 전투복을 곧게 차려 입고, 전투화도 닦았으며 한마디로 군인답게 각을 잡았다.

사진을 찍으려고 교회 앞에서 줄을 서고 있는데 밥 당번이 지나갔다. 1시가 좀 넘은 시각. 남은 음식을 모두 버렸다는 것이다. 경계 근무자 이야기를 했더니 대답도 하지 않은 채 건물 안으로 들어가는 것이었다.

나와 교대해준 근무자에게 미안한 마음을 감출 수 없었다. 그러자 몇몇 전우들은 너무 마음에 두지 말고 다음에 PX에 한 번 같이 가라고 했다.

걱정과 미안함을 뒤로 한 채 사진 촬영은 시작되었다. 큰 크기의 사진임에도 불구하고 저렴한 가격에 놀라고 있을 무렵, 사진 기사님의 인건비에 그 가격은 드러나 버렸다. 잘못된 자세는 고쳐주지 않았고 그 사진사가 하는 말은 하나, 둘, 그 다음은 서터 누르는 소리 찰칵.

또한 단체사진을 제외하고 분대별과 개인 혹은 두 명, 세 명이 찍은 사진은 얼굴 나오는 사람 수대로 현상을 해야 한다고 했다. 그래도 사진은 많이 현상했다. 단체 1장, 분대사진 1장, 독사진 2장, 친한 전우와 1장. 어렸을 때부터 남는 건 사진밖에 없다고 부모님께 들어왔고, 나 역시 그렇게 생각했기 때문에 사진 찍는 것을 좋아하고, 찍히는 것도 좋아하는 나였다.

사진을 찍었다는 마음. 기념할 것이 생겼다는 것이 잠시 기뻤지만, 오늘의 좋지 않은 일은 이제부터였다.

우선 나 대신 경계를 서준 병사에게 미안한 마음이 가라앉지 않았다. 사진을 모두 찍고 중대 내무실에 복귀하여 TV 시청을 하고 있는 도중 근무 시간을 바꿔준 전우가 왔다.

아까 경계를 서기 위해 급하게 올라오는 바람에 활동복 상의를 안 갖고 올라왔다는 것이다. 또 미안한 마음이 들었다. 괜히 나 때문에 그런 것 같기도 하고, 사진 찍는 것이 중요하긴 했지만, 한 사람에게 이렇게 피해를 주면서까지 사진을 찍어야 했는가라는 생각이 들기도 했다. 함께 축구를 했던 분대를 모두 찾아다니며 남는 활동복 상의가 있냐고 물었고, 혹시나 발견 되면 나에게 갖다 달라고 내 뜻을 전했다.

혹시나 하는 마음에 연병장을 한 번 바라본 것밖에 그 이후에 내가 할 수 있는 건 없었다. 내 건강 상태, 컨디션도 그리 좋지만은 않았다. 미열이 있었고, 목도 간지러웠다. 쉼 없이 물을 마셨고, 그 때문에 1시간 간격으로 소변을 보았다.

어느 덧 저녁시간, 저녁식사를 하고 올라와서 좀 웃어보기 위해 TV 시청을 하다가, 문득 기분 전환이 될 것 같은 목욕이 하고 싶었다. 다행히 온수가 나오고 있었다. 샤워가 아니라 더운 물 마사지라고 해야 맞을 정도로 30분 이상 몸에 비누칠도 하지 않고, 샤워기에 내 몸을 맡겼다.

머리끝에서부터 발끝까지 몸에 땀이 나는 것이 느껴지자 비누칠을 하고 다시 한 10여 분간 샤워기 안마를 했다. 샤워를 마치고도 다시 물을 계속 마셨다.

오늘 하루를 마감하는 점호 시간. 샤워 전에 관물대에 놓아두었던 나의 전자시계가 고장나 있었다. AM 1:00를 계속 가리키고, 정확한 설정을 할 수 없게 되었다. 시계에 물이 들어간 것도 아닌데, 주인이 아프다는 것을 시계도 알고 슬퍼하는지 시계 내부에 습기가 차 눈물을 보이는 것 같았다.

점호 직전, 청소 시간에 경계를 대신 서준 병사가 와서 오늘 저녁 불침번 근무를 서 달라고 했다. 난 그렇게 하겠다고 전하고 점호를 마치고 취침에 들어갔다.

정말 오늘 하루를 꽤 길었던 하루였다. 이것저것 일도 많고, 컨디션도 안 좋고, 좀 유별난 날이었고, 느끼는 것도 많은 하루였다.

잠자리에 들기 직전 내가 가지고 있는 신약성경 앞에 나와 있는 '도움이 되는 성구 찾기'를 이용하여 '아프거나 고통이 올 때' 부분의 시편 36편을 통성으로 기도하며 잠자리에 들었다. 시편 38편의 내용이 모두 맞는 것 같지는 않았지만, 1절의 나를 징계치 마시고, 22절의 나를 도우소서의 구절은 정말 마음에 와 닿는 구절이고, 이 구절을 중점으로 간절히 기도하며 잠자리에 들었다.

29일은 00:00~01:30까지 불침번 근무로 하루를 시작했다. 불침번 근무도 가볍게 여겨지지 않는 나의 몸 상태였다. 불침번 근무 시에는 별일 없이 지나갔고, 어제 오후에는 경계를 대신 서준 후임 전우와 우연히 불침번을 서게 되어 다시 한 번 감사의 마음을 전했다.

다시 기도와 함께 잠에 들려 했지만, 왜 이렇게도 잠이 안 오는지 1시간 동안을 뒤척인 후에야 잠에 들 수 있었다. 그래도 일요일은 휴일이라 7시에 기상이니 큰 걱정은 없었다. 7시 기상. 숙면을 취하지는 못했지만 그런대로 피로가 풀리고 꽤 괜찮은 아침이었다. 오늘은 이곳에서의 마지막 주일 예배, 내 마음 있는 데로 힘껏 기도와 찬양을 드렸다. 예배 끝나고 분배해주는 초코파이와 요구르트가 예수님의 피와 살임을 이제야 알아챈 채로 예배를 마쳤다.

군대에서의 종교 활동은 믿지 않는 사람을 대상으로 한다. 대부분이 사회에 있을 때 종교 활동을 하지 않았고, 군대에서는 하라고 선택 아닌 강요를 하기 때문이다. 군대에서 말하는 종교 활동의 선택이란 종교 활동을 하는가, 안하는가가 아니라 기독교, 천주교, 불교 중 하나를 선택하여 종교 활동을 하라는 의미이다.

그나마 평소에 조금이라도 관심 있는 종교를 선택하여 활동을 하게 된다. 그래야 주일에 남는 시간도 죽일 수 있고, 취식물도 얻을 수 있기 때문이다.

이곳에서는 종교 활동을 많이 해서 좋았다. 화요일은 교리, 수요일은 예배, 주일은 아침, 저녁 예배 그 중 화요일에는 기독교에 대해 배울 수 있는 교리 시간이 있었는데, 이 시간 중 오늘은 하나님에 대해 좀 알았기 때문에 정말 기분이 좋은 날이었다.

전도사님께 교육을 받아야 하는데 전도사님의 몸 상태가 별로 안 좋으셔서 집사님께 교육을 받게 되었다. 하나님은 타인이 설명하는 방법을 말씀해 주셨는데 하나님은 공기와 같다고 하셨다. 공기란 우리에게 절대 없어서는 안 될 존재이다. 그렇게 소중한 존재인 공기를 우리는 평소에 소중하다고 느끼지 못한다.

초등학교 때 잠시 공기가 있다는 것만을 배우고 그 이상은 안 배웠기 때문이다. 단, 산악인들은 고산지대에 올라가면 산소가 부족하여 피부가 파래지고 숨쉬기가 힘들다는 것을 크게 느낀다고 한다.

또한 남성들이 예쁜 여성을 보면 다른 것은 보지도 않고 좋아하고 믿게 되는 것처럼 하나님을 볼 때도 먼저 이해하려고 하지 말고 먼저 믿고 이해하라고 하셨다.

내가 그랬던 것 같다. 하나님의 존재를 믿지 않았지만 하나님이 내 안에 들어와 달라고 많이 기도했고, 이해하려고 하기보다 내 마음을 내 놓으며 믿으려고 먼저 했다. 그 후 난 하나님을 믿게 되었고, 아직 신앙적으로 많이 어리지만, 서서히 성장해 나아가고 있는 중이다. 또한 우리 인간이라는 존재는 하나님에게는 정말 미물 같은 존재라고 했다. 땅에 떨어진 빵 한 조각을 자신의 집으로 옮겨가려고 힘들어하는 개미들을 보고 우리 인간이 손으로 집 입구까지 옮겨준다면 개미에게는 기적이 되듯이 말이다.

정말 이해가 잘 가는 말씀이었다. 보통 설교보다도 그렇게 비유적 설명을 많이 듣게 되어 하나님에 대해 좀 더 많이 알게 되었고, 내 마음도 조금 더 넓어지는 교리 시간이었던 듯싶다.

오늘 오후 점심식사 때 고추가 나왔다. 매운 고추는 비싸므로 당연히 맵지 않을 거라 생각했었다. 예상은 적중. 배식은 3개가 되었는데 내가 잘 먹어서인지 옆에 있던 동기가 자신은 먹지 않는다며 2개를 내게 주었다. 어느 곳에도 괴짜는 있는 법. 동기가 준 고추 중 마지막 남은 고추 하나를 먹는 순간, '이거 다'라는 생각을 했다. 꽤 매웠고, 내 콧등에서 땀이, 눈에서는 눈물이 났다. 결국 끝까지 먹지 못했지만, 느끼는 것이 있었다. 역시 인생은 끝까지 살아보기 전엔 아무도 모른다. 고추의 맛도 마지막에 났듯이 인생의 맛도 마지막 다 되어서야 알 수 있으리라. 고추, 이 매운 고추 하나에 이런 느낌을 느낄 수 있어 기뻤고 감사했다.

저녁에는 예배를 드렸는데 예배드리기 전, 어제 부탁드렸던 집사님을 만나 성경책을 받을 수 있었다. 감사하다는 말씀을 계속 드렸고 건강하시라는 말씀과 함께 연락처도 건네받았다. 그동안 감사했고, 어제 교리 시간도 정말 좋았다고 말씀드리니 너무 기뻐하셔서 덩달아 기분이 좋았다.

교육수료 전 마지막 예배라 파송식을 가지며 목에 거는 작은 십자가와 성경 구절이 적힌 엽서 한 장을 받았다. 내무실에서 예배 참석하지 않은 동기들이 멋있어 보인다며 달라고 했지만 나의 십자가는 단순한 멋을 위한 것이 아니라고 생각했기 때문에 난 거부했다. 하지만 지금 생각해보면

'왜 그 십자가에 그리 욕심을 부렸을까' 라는 후회도 들긴 한다. 나누는 것이 더 큰 덕이 되었을 텐데 말이다.

또한 목사님께 축도도 부탁드리게 되어 축도도 받았다. 자대에서도 건강히 좋은 선임들 만나 잘 생활할 수 있도록 기도해주셨다. 교회의 목사님과 전도사님 외 많은 사역자들에게 감사의 말씀을 마음으로나마 전한다.

어제부터 오늘까지 14시간 동안 네트워크에 대해 배우게 되었다. 네트워크에 대해서는 사회와 군대가 별반 다른 것이 없어보였다. 군 안에서만 할 수 있는 인트라넷과 세계와 의사소통할 수 있는 인터넷의 범위만 다를 뿐.

내가 공부했던 인터넷 정보검색사가 도움이 되어 공부하기가 좀 더 수월했다. 교관님의 강의는 많이 기억에 남지 않았지만, 군 생활을 할 때에 주의해야 할 사항들과 조언을 말씀해 주셨다. 그런 것들이 마음에 더 와 닿고, 기억에 남았다. 군대이건, 사회이건 어디서든지 첫인상이 매우 중요하다고 했다. 첫인상을 잘 보이기 위해 무엇이든 열심히 하려하고, 적어도 100일 휴가 나가기 전까지는 무엇이든 시키기 전에 스스로 알아서 할 수 있어야 한다고 하셨다.

이 조언도 자대에 가자마자 틀린 것이라고 느꼈다. 스스로 알아서 하기에는 이등병이라는 계급은 정말 한없이 낮은 계급이었다. 전입을 온지 얼마 되지 않았을 때에는 화장실도 나 혼자 못 갔었는데 도대체 어떤 일을 스스로 할 수 있었겠는가? 선임들이 시키는 것을 선임들과 함께 했을 뿐이다.

또한 많은 어려움이 있을 때에는 고개를 숙여 아래를 보라고 하셨다. 앞에서 날아오는 돌은 피하려고 하면 대비할 수 있지만, 피하기 힘든 뒤에서 오는 돌도 고개만 숙이면 피할 수 있다고 하셨다. 자신보다 어려움에 있는 사람, 자신보다 아래에 있는 사람을 생각하며 견뎌내라며….

교관님이 달라보였다. 후반기 교육 중엔 정말로 좋은 이야기를 많이 들은 것 같다. 저녁에는 구대장이 2년이란 시간은 그리 길지 않다며 전역하고 더 나은 더 좋은 생활 마음껏 할 수 있다며 힘든 일이 있어도 참으라 했다. 기분 나쁜 이야기나 상처가 되는 말은 한 귀로 듣고 한 귀로 흘릴 수 있어야 한다고 했다. 상관과 악수하는 법을 확인 받고 생활 지도부를 받은 후 이제 퇴교라는 느낌이 가슴에 와 닿았다.

파라다이스 후반기 교육을 뒤로하며

행군이 이겨낼 수 있는 훈련이고, 아름답다고 느껴지는 이유는 모두가 함께하기 때문이다

많이 편하고 자유로웠기 때문에 5주 동안 생활은 짧게 느껴졌다. 이제 자대로 가기 위해 보충대로 간다. 통신교에서 아침 식사를 하고 기차 안에서 먹을 전투 식량을 챙겼다.

대전역에 오기 전 성적 우수자들에게 표창을 했었는데, 그 중 난 포함되지 않았다. 처음부터 큰 욕심도 없었거니와 몸 상태도 그리 좋지 않았다. 하지만 세 명씩이나 상을 받은 것을 보고는 좀 후회가 되기는 한다. 100일 휴가가 하루 늘어날 수 있는 찬스였는데 좀 아쉬운 마음이 든다. 다음엔 어떤 일이든 열심히 하도록 해야겠다.

무궁화 열차인 듯 나를 싣고 이 열차는 화랑대로 향했다. 대전에서 의정부로 가는 길. 기차 안은 맑고 다스한 햇살이 비춘다. '정말 이 기차 안이 군대만 아니었다면 얼마나 좋았을까' 라는 생각이 든다.

기차는 오늘따라 왜 이리도 빠른지 얼마 안가서 천안역에 도착했다. 천안은 친한 동기 녀석이 사는 곳이다. 나의 아쉬운 마음도 몰라주는 이 기차는 수원과 안양 우리 집 근처도 훌쩍 지났다. 정말 많은 민간인을 볼 수 있었다. 나도 얼마 전까지만 해도 저렇게 편한 옷을 입고 지하철을 기다리며 어디론가 가기 위해 서 있었는데….

생각해보니 군대가 사회랑 격리 되어 있기는 하지만 거리상으론 정말 가까운 곳에 있다는 느낌이 확 났다. 곧 나도 다시 저렇게 어디를 가기 위해 지하철을 기다릴 수 있겠지?

군인을 바라보는 민간인들의 느낌. 웃으며 쳐다보는 사람. 아무 표정 없이 쳐다보는 사람. 시선을 피하는 사람 등 얼굴 생김새마다 군인을 바라보는 시선과 표정 또한 모두 달랐다. 내 느낌이 괜히 그랬는지 군인, 특히 나 같은 이등병들을 무시하는 눈빛으로 쳐다보는 이들이 혹 있는 것 같다. 가까운 지인 아니 자신의 아들 혹은 친동생이나 친오빠, 남자친구를 군대에 보내보라지, 그런 표정 지을 수 있는지. 가족들과 여자친구가 생각난다. 그들의 안녕을 오늘도 기원해본다.

 이병  #02

전입

 이제부터 군 생활 시작이라는 마음으로 굳세게 마음먹고 생활하겠다. 이렇게 빨리 위병소를 나올 수 있을 줄은 몰랐다. 물론 타 부대에 잡초 제거 작업을 지원하기 위한 것이었고, 철저히 통제된 상태였지만, 차를 타고 시내로 나왔다.
 작업을 가는 도중 유아들이 유치원에서 공부를 마치고 돌아가는 길인지 노란 봉고차 창문을 열고 인사했다. "군인 아저씨다!" 손을 흔들며 "안녕하세요"라고 인사를 한다. 난 대답을 해주고 싶었다. 그래서 살짝 선임들의 눈치를 보고 손을 흔들어주었다. 아무도 대답하지 않았는데 나만 했다.
 오랜만에 바깥 구경 하니까 기분이 너무 좋다. 신선한 산의 정기를 받아 생활하며 마시는 맑은 공기도 좋지만 도심에 나와 마시는 매연도 오늘 만큼은 정말 상쾌하게 느껴진다. 오늘 새롭게 안 사실은 부대 앞 그것도 아주 가까이에 시내버스 정류장과 마을버스 정류장이 있다는 것이다.

 축구로 종합우승과 준우승을 결정짓게 되는데 우리 중대가 역전에 역전을 거듭한 결과 축구우승과 종합우승을 차지했다.

경기 중 열렬히 응원하며 골이 터질 때마다 내가 중대원이 되어가는 것을 느꼈다. 특히 마지막 결승골이 터졌을 때에는 진심으로 나도 모르게 함성이 터져 나왔다. 나도 이제 1중대원인가보다. 오후에는 장기자랑을 했는데 이곳에서도 1중대는 빛을 보였다. 5명이 나와 안무를 짜고 춤을 선보였다. 특히 대학에서 춤을 전공한 후임은 더욱더 빛나보였다.

한편으로는 1중대가 멋있고, 자랑스럽기도 했지만, 좀 독하다는 생각까지 들기도 했다. 나도 1중대원으로 성장 될 수 있을까 의문스럽다.

오늘 새벽에 불침번 근무를 섰다. 훈련소와 통신학교 때와는 다르게 인원 현황판이 있어 수시로 인원을 파악하고, 실수 없도록 하는 것이 무엇보다 중요하기 때문에 부담이 갔다. 하지만 물어물어 배우고 근무를 마치고 나니 '별것 아니구나' 라는 생각을 하게 되었다.

오후에는 특별히 할 작업도 없고 해서 초소 탐방에 가게 되었다. 처음에 선임들이 가기 싫어하셔서 왜 그럴까? 했는데 가는 길이 그리 쉽지 많은 않았다. 산길이 있고, 매우 가파른 길이었다. 다리를 쭉쭉 뻗어야만 올라갈 수 있었던 그곳. 상당히 위험한 길이었지만, 모두들 안전하게 막사로 돌아온 것에 감사를 느낀다.

어제 저녁 우리 소대 두 분대장이 포상휴가 복귀를 하였다. 2박3일 동안 구국성회를 간다고 하니 나의 마음을 무겁게 하는 말들을 했다. 하지만 이미 결정된 일이었고 바꿀 수도 없었다. 어제 집회 준비를 위해 예배를 드렸는데 많은 군종병들 중에서도 군종병도 아닌 내가 찬양으로 섬기게 되었다. 나는 내 힘을 다해 찬양을 했었고, 가끔 잘 모르는 찬양이 나올 땐 악보도 보고 하면서 얼떨결에 찬양을 하게 되었다.

어제 나의 찬양을 보고 너무 많은 은혜를 받았다는 사람이 있어 신기하기도 했고, 그 사람을 통해 무거운 마음을 좀 덜 수 있었다. 또한 중대장님께서 기독교 신자로서 내가 구국성회에 참여하게 된 것도 진정 감사할 일이다. 이등병이 그것도 이제 전입한지 2주가 좀 넘은 내가 이렇게 집회에 참석할 수 있게 된 것만으로도 진정 큰 은혜다.

하나님의 이끄심, 분명 나를 이끄셨다. 물론 내무 선임들이 신경 안 쓰이는 것도 아니지만, 내가 이곳에 왔기 때문에 이곳에서 더 큰 지혜와 은혜를 받아 부대에서 나를 통해 전우들이 기뻐하며 회복될 수 있는 능력을 가질 수 있게 되었으면 좋겠다.

2박 3일의 집회를 마치고 앞으로 21개월여를 더 살아야 할 나의 집으로 돌아왔다. 지금은 교회 안 의자에 누워 있다. 2박 3일간 만 명이 넘는 신우들 가운데 많은 은혜 받았다. 하지만 나의 그릇이 너무 작아서 그 은혜들을 모두 받지 못하고 많은 은혜를 흘려버렸다.

은혜를 받을 수 있는 그릇을 더 크게 해야겠다는 생각을 했다. 기도뿐 아니라 성경의 말씀과 함께 나 자신을 하나님과 더욱 가까이 하겠다. 가까이 계신 하나님의 집회 가운데에는 좀 멀게 느껴질 정도였다. 나의 그릇을 키워야만 했다. 살아계신 예수님과 가까워지기 위해.

어제는 오랜만에, 아니 훈련소 때 이후 처음으로 각개전투를 했다. 몸이 힘든 것도 있지만, 장구류 전체가 더러워진다는 것에 좋아하지 않는 훈련이다. 특히 누워서 포복을 하며 철조망을 통과하는 부분은 장구류 손상과 더러워지는 것에 한몫 톡톡히 하는 부분이다.

1년 중 가장 힘들다는 유격훈련이 생각났다. 이 각개 전투훈련은 힘든 것도 아닐 텐데 괜히 엄살이다. 오랜만에 한 야외훈련이라 시간도 잘 가고 재미도 있긴 했지만 내 몸이 많이 피곤한 하루기도 했다. 오늘 경계근무는 1시부터 2시. 내가 그토록 원하던 주간 첫 근무. 오후 훈련도 빠질 수 있고, 밤에 편히 잠을 잘 수 있기 때문에 근무를 서기 전에는 너무나도 좋아했는데 오후 훈련은 2시 이후에 하는 바람에 진정으로 한번 앉아보지도 못하고 훈련에 곧바로 들어갔다.

오후 일과가 시작된 1시부터 2시까지 다른 병력들은 쉬고 있었던 것. 2시간 동안 근무를 서면서 처음으로 무기 거래도 해보았다. 내가 아직은 경험이 부족하여 뭐 할 수 있는 것도 없어서 아쉬웠지만 다음에는 나도 사수가 되어 무기거래에 중심에 서 있는 내가 되겠다. 2시간 동안 햇볕에 노출되고, 또 훈련에 들어가려니 나의 몸의 컨디션은 한마디로 상태불량이었다.

머리도 조금씩 아파오고, 춥기도 했다. 하지만 오늘 저녁 근무가 없으니까 하루만 더 지켜보려고 한다. 내일도 상태가 안 좋으면 약을 먹어야겠다.

화생방 훈련도 함께 했는데 부대원들 중 내가 가장 빨리 해서 부소대장님 눈에 띄어서 상점 1점도 처음으로 받았다. 기분은 좋았지만 이런 것보다는 군 복무기간 중 아프지나 않았으면 좋겠다. 휴가 나가기 전에 몸이 완전히 회복되길 희망해 본다.

며칠 전에 온 교회 동생의 편지와 오늘 도착한 여자친구의 편지를 오늘에서야 보게 되었다. 너무 바빴다. 요 며칠간 편지 볼 시간도 없었고, 씻지도 못한 날도 은근이 있었다. 너무 사랑스러운 여자친구가 보고 싶다.

몸이 아픈 건 너무 싫다. 목소리를 너무 크게 내어서 목도 쉬고, 가래도 생겼다. 누가 알아주지도 않고 좀 슬프다. 몸을 좀 사려야하나? 소화도 잘 안되서 쾌변을 보지 못했다. 염소똥 몇 덩어리가 전부. 쾌변도 보고, 빨리 회복해야 하는데 걱정이 된다. 말씀과 기도로 회복되길 희망한다. 아멘.

정말 대단했다. 35년간의 군 생활을 마치고 전역하는 원사. 이름은 잘 기억나지 않지만 우리나라 군대에 큰 공헌을 한 사람은 분명하다. 나이가 55세쯤 되었을 텐데 70대 할아버지처럼 보였다.

35년간 군 생활을 한 그 주임원사도 참 대단하지만 우리 군대에서 그만한 대우를 해준다는 것에 대해 사회에서 제 구실을 못할 바에야 해볼 만한 것 아닐까?라는 생각도 잠시 해보았다. 하지만 난 다시 한 번 마음을 굳힌다. 군대는 내가 있을 곳이 못 된다. 누구의 명령에 따라 좌지우지 되는 인생 살고 싶지 않다. 국가에 없어서는 안 될 군대이지만, 결과는 바로 이거다. '다른 직업에 비해 돈도 좀 많이 벌겠지' 이런 생각하기도 이제 지겹다. 나의 발전을 위해, 건강을 위해 전진 또 전진이다.

	이 취임식에 머릿수를 채우려 참여하게 된 나는 원래 명단에 없었는데 갑자기 바뀌었는지 참여하게 된 것이다. 미리 준비를 하지 않은 놈으로 보여 덕분에 선임들에게 욕도 된통 먹고 급히 준비하다가 후임이 휘두른 총에 새끼손가락이 맞아서 피멍도 들게 되었다.

	위에 있는 한 사람 때문에 수백, 수천 명은 오늘도 고생을 한다.

	오늘은 여자친구에게 편지가 왔는데 끝까지 읽지도 못하고 전화도 못했다. 일과시간이 끝나고도 꽤 오랜 시간동안 제초작업을 했기 때문이었다.

	하루하루 바쁜 일상 때문에 시간은 느리게 가지 않는다. 어제도 못 씻어서 오늘 새벽에 일어나 샤워와 빨래를 했다. 나의 이미지가 별로 안 좋은 모양이다. 바로 윗 선임들에게 후임과 비교를 당해가면서 욕을 먹었다. 그러면 그 후임과 가까워질 수가 없는데 말이다. 사람 다룰 줄 모르는 것 같다. 우리 내무에서 가장 이미지가 좋은 후임이 부럽다.

	나도 좋게 보일 수 있었는데 여러 상황이 그렇지 못했다. 이것도 군대에서는 핑계일 뿐이겠지. 왠지 이런 생각이 들었다. 내가 이곳에서 무엇을 얻어갈 수 있을 것인가. 긍정적 생각이 무엇보다 필요할 때이다. 난 이곳에 시간 보내러 온 것이 아니라 국가를 위해 국민을 위해 봉사하러 온 것이니까.

주말이라 시간이 평소보다 많이 남았다. 주저 없이 전화를 했고 어머니, 동생, 여자친구와 통화를 했다. 그중 기억에 남는 기쁜 소식은 동생이 정말 좋은 성적으로 장학금을 받았다는 소식이다. 전화를 하면 몸과 마음이 회복되는 이유가 바로 이런 데서 오는 것이 아닐까. 물론 사랑하는 사람들의 목소리를 듣는다는 것만으로도 힘이 되지만, 기쁜 소식은 금상첨화가 되기도 한다.

어머니께서는 오늘도 일을 하고 계셨고, 아버지께서는 무엇을 하시는지 전화가 꺼져 있었다. 여자친구와의 통화에서도 난 죄를 범하고 말았다. 내가 다른 사람들을 바라보는 이야기를 여자친구에게 했다. 주위에 쾌락만을 즐기는 사람이 많다고, 꼭 나는 전혀 아닌 것처럼.

100일 휴가

　자대전입 6월 7일, 백일휴가는 7월 7일. 만 한 달이 지나서야 난 세상공기를 마실 수 있었다. 자대복귀 후에야 휴가의 기억을 기록하는 이유는 100일 휴가 당시에는 놀기 바빠서 기록할 여유가 없었다. 부대복귀 후 이렇게 편히 앉아 오랜 시간 글을 쓸 시간이 있다는 건 정말 만무한 일이지. 내무실에 있다는 것만으로도 부담스러움과 왠지 가만히 대기상태로 있어야 할 것 같다는 느낌이니까.
　휴가 나가는 날 아침에 소대장님께 말씀 안 드렸다는 이유로 혼이 났었다. 휴가 나가기 전날 대대장님과 중대장님, 소대장님께 신고를 했지만 아침에 또 보고를 한다는 것에 짜증스러움을 느낀다.
　물론 100일 휴가를 나간다는 것에 기쁘긴 했지만 다른 누구들처럼 전날 저녁에 잠이 안 왔다든지, 기분이 날아갈 것처럼 좋다든지, 그런 느낌은 안 들었다.
　4박 5일, 분명 길게 느껴지지 않을 것임에 금방 돌아와 이 생활을 계속해야 하는 것이고, 약 2년간 나의 집은 이곳이니까 나쁘게 생각하기도 싫고, 실제로 나쁘지도 않았기 때문이다. 운이 좋게도 함께 휴가 나가는 선임이 있어서 신고도 함께 하고, 아침에 밥도 얻어먹을 수 있었다.

부대 앞에서 모범택시를 탔다. 일반 택시가 없기는 했지만 그렇게 오버할 필요는 없었지 않았나? 근처 지하철역까지 가는데 5,000원 정도가 나왔다. 선임이 뭘 먹고 싶냐고 해서 난 그냥 밥이면 족하다고 했다. 그 후 이런저런 밥 이야기가 나왔지만 선임이 봤던 곳이 있다고 해서 뼈다귀 해장국을 먹기로 했다.

그곳에서 좀 웃긴 일이 있었다. 밥을 맛있게 먹고 있는데, 건너 테이블에서 어느 젊은 연인이 술을 마시고 있었던 것이다. 여자는 그리 취하지 않았는데 남자가 취한 상태로 우리 테이블로 건너와서 술주정 아닌 술주정을 하는 것이었다. 자기는 이제 막 동원 훈련이 끝났는데, 옛날 생각이 나서 같이 술 한잔 하고 싶어서 건너왔다고 했다. 나와 선임은 휴가 나온 거고, 아침부터 술 마시고 싶지 않다며 거부했다.

그 사람도 상황을 인지했는지 수고하라는 말을 남긴 채 곧 떠났다. 술 마신 사람이 식사를 방해했기에 그 상황에서는 기분이 많이 불쾌하기는 했지만, 지금 와서 생각해보면 술 마시고 안 마시고를 떠나서 나도 전역 후에 군복 입은 청년들을 보았다면 그럴 수도 있다는 생각이 들기는 한다. 선임에게 감사히 잘 먹었다는 이야기를 하고, 역으로 가서 중대에 전화를 한 다음 서울 쪽으로 가는 전철을 탔다.

오랜만에 많은 민간인을 보니 신기한 마음도 있고, 재미있기도 했다. 매일 칙칙한 얼굴들만 보다가 생기가 있고 화장품 냄새도 나는 사람들과 있으니 이러한 느낌이 드는 것은 당연한 것일지도 모른다. 이 느낌을 얼마 느끼지도 않았는데 벌써 집에 도착했다.

집에 도착하자마자 난 군복을 벗고 입대 전 입었던 새하얀 속옷과 겉옷으로 갈아입었다. 군복을 먼저 벗은 이유는 휴가 기간 동안에는 군인처럼 보이고 싶지도 않고, 실수하면 안 되니까. 가뜩이나 김일병 사건(총기난사 사건)으로 군 이미지도 안 좋은 상황이었다.

집에서 어머니, 동생과 한참 동안 수다도 떨고 즐거운 시간을 보낸 뒤에 고등학교 선배님께 전화를 했다. 오늘 저녁에 동문회 사무실로 오라고 하셨다. 안경은 하나 새로 맞추어야 되어서 안경을 맞춘 후 동생은 학교에 볼일이 있어서 가고, 난 동문회 사무실로 갔다. 선배님은 여전하셨다. 바쁘게 지내시는 찰나에도 날 생각해주셨고, 날 기다리시는 시간이 지루하셨는지 게임을 하고 계셨다. 선배님과 단둘이 많은 고기를 먹으며 이야기를 나누었고, 여자친구도 보고 싶긴 했지만, 시간이 늦어 다음 날로 만남을 미루어야 했다. 그렇게 하루는 금방 지나가 버렸다.

여자친구와의 데이트, 휴가 나오는 날을 손꼽아 기다렸을 텐데 좀 미안하기는 했지만 첫날에 만나주지 못하고 두 번째 날인 오늘, 하루 종일 여자친구와 있을 생각으로 나왔다. 여자친구가 가고자 하는 월드컵 경기장 근처의 공원에 가자고 어제 말해놓았다.

여자친구는 약속 시간보다 좀 늦었는데 난 왜 이리도 속이 탔는지 모른다. 실시간으로 통화를 했는데도 말이다. 역시 사랑을 기다리는 건 쉬운 게 아니라는 생각이다. 우리는 만나자 마자 손을 붙들며 반가이 인사했다. 100일이 넘게 떨어져 있었지만 항상 생각해와서 인지 가족들처럼 편안하고 좋은 느낌이었다.

월드컵 공원. 근처는 말 그대로 큰 공원들로 이루어져 있었다. 푸르른 풀들이 가득한 거리를 우리는 함께 걸었다. 공원에 가기 전에 마트에 들러서 점심을 먹고, 간단히 쇼핑을 했다. 산책 중 간식거리로 먹을 약간의 과자와 빵, 음료를 샀는데 기분 참 묘했다. 단둘이 쇼핑을 한 적은 처음이고 그래서 그런가 왠지 분위기도 낯설고, 정말 가까운 그런 사이가 된 것 같았다. 군가를 불러달라고 해서 군가도 불러줬다. 100일 휴가 나온 군인이 가장 군인다움을 보여 준 때가 아니었나 싶다.

쇼핑을 해서 산 음식들은 서로 얼굴 보며 수다 떠는 우리의 시간에 끼어들지 못해 먹지도 못하고 집으로 가져오게 되었다. 그냥 서로 함께 오래 있을 수 있어 좋았고, 정말 가는 시간을 붙잡을 수 있다면 그리하고 싶은 하루였다. 다음 날에도 만나기로 했으니 아쉬움을 뒤로 한 채 우린 헤어졌다.

세 번째 날이다. 학보모임이 있는 날. 내가 휴가 나오는 줄 알고 자리를 마련한 것은 아니고 다음 학기에 편집장도 바뀌고 군대 가는 학우들도 있다고 하니 내심 고생할 여자친구가 걱정되었다. 함께 사진을 찍기로 했기 때문에 모임시간보다 대략 1시간정도 여자친구와 일찍 만났다.

막상 돌아다니다보니 사진 찍을 때도 별로 없어 보였고 하는 것도 없이 시간만 줄줄 흘러갔다. 학보모임 시간이 다 되어서 현대백화점 앞에 가는 길에 이미지 사진관을 보게 되었다. 별로 망설이지 않았다. 함께 들어가 사진을 찍는데 사진 찍어주는 사진사가 포즈를 가르쳐 주었다. 배경도 고르고, 예쁘게 찍은 것 같다.

사진을 찍고 약속 장소에 가보니 아무도 안 나와 있었다. 정확한 약속시간에 맞추지 않는 건 내가 입대하기 전과 달라지지 않았다. 하지만 선배님들의 얼굴 모습은 달라져 있었다. 헤어스타일도 그렇고, 회의 약속에 나오지 않아 보지 못한 선배들이 있어 좀 아쉽긴 했지만, 다들 잘 지내고 있는 것처럼 느껴졌고, 내가 보지 못한 4개월여 동안 뭔가 달라져 있었던 건 분명해 보였다.

우리가 자주 찾았던 카페에 가서 이야기를 하려고 했지만, 특히 주말인 토요일에는 예약을 안 하고 들어가기는 쉽지 않았다. 그렇게 카페 앞에서 서성이고 있는 도중 후배들이 도착했다. 약속 시간에 늦었기에 뭐라고 해주고 싶었지만 군인이고 지금은 함께 일하는 선배가 아니기 때문에 그냥 참았다.

다들 배고파했기 때문에 우선 밥을 먹기로 했다. 조금 걷다가 인근 부대찌개 집으로 들어가 부대찌개를 먹으면서 아주 짧게 내 소개를 하고, 후배들의 소개도 듣게 되었다.

여자친구에게 편지로 여러 후배 이야기를 들은 바가 있었는데 처음이라 좀 낯설었다. 후배 셋 중, 한명이 여자이고, 둘이 남자였는데 여자 후배들은 안 나왔다.

남자 후배들은 곧 입대한다고 해 군 생활에 대해 조금 이야기를 했고, 내가 군대 말투(~했습니까? 잘못들었습니다 등)를 사용하니까 예비역 선배들이 군대 말투 좀 쓰지 말라고 했다. 하지만 몸에 익어버린 나의 습관을 쉬이 바꿀 수 없었다. 다들 학생인지라 돈도 없고 그래서 밥 먹고 이야기 할 수 있는 곳을 찾아가 결국 패스트 푸드점에 들어갔다. 그 후 우리들 모두의 물주인 1기 선배님께 연락을 했다. 오시는 길이라는 말에 모두들 기뻐했다. 물주가 없으니 배가 부르지 않았다. 우리는 3차로 맥주 집에 갔다. 맥주도 좀 맛있게 먹었지만, 안주를 많이 먹었다. 오랜만에 먹은 음식들이라 맛있게 먹을 수 있었던 듯싶다. 그렇게 세 번째 날도 그냥저냥 지나갔다.

오늘의 주요 만남은 교회에서 보내기로 계획했다. 시간은 정말 빠르다. 특별히 무엇을 한 것도 아닌데 오전이 후딱 가버렸다. 오후 예배를 참석하기 위해 집을 나왔다. 서울에 살 때보다 학교나 교회는 꽤 많이 가까워진 편이었다. 그래도 항상 게으름을 피워서 시간에 딱 맞추거나 좀 늦는 게 버릇이다. 군복무를 하면서 고칠 수 있으면 좋으련만.

교회에 들어가서는 주보를 나누어 주는 미소가 정말 예쁘고 멋진 형이 오랜만에 왔다고 반겨주었다. 난 100일 휴가 나왔다고 말했고, 환영의 시간에 내가 일어서게 되었다.

주위의 몇몇 형제, 자매들이 나를 알아봐주어서 쑥스럽기도 하고 고맙

기도 했지만, 명진 선배 만한 사람은 없는 듯 느꼈다. 가장 환영해주고, 기뻐해줬다. 겉으로 많은 표현은 하지 않았지만, 난 느낄 수 있었다.

예배가 끝나고 순모임 시간. 명진 선배 순이었는데, 군대에 대한 이야기가 빠질 수 없었다. 하나님에 대한 감사함으로 감사는 더욱 큰 감사를 낳는다는 것과 신앙적으로 많이 성숙된 나를 느낄 수 있었다고 이야기했다.

1분 1초가 아깝고 가족과 함께 지낼 시간이 부족했던 난 빨리 자리를 일어나고 싶었지만 순모임 이후에 동기들 모임까지 있었다. 모임에 참석하면 길어질 줄 뻔히 알면서도 동료의 권유를 쉽게 뿌리칠 수가 없어서 또 시간을 보냈다.

별로 유익하지 않은 시간은 아니었지만, 아웃리치 기간이어서 파송의 노래를 하는데 기타 칠 사람이 없어 내가 치게 되었다. 정말 너무 오랜만에 쳤기 때문에 손도 굳어 버린 것 같아 잘 안쳐지긴 했지만 한곡을 여러 번 연습하다보니 얼추 잘 넘어갔다. 이것 하나도 하나의 사역으로 생각하면 별 의미 없이 보낸 순모임 이후의 시간들을 나 혼자 애써 보상받았다고 생각했다.

집과 여자친구에게서 전화가 왔다. 오늘 또 여자친구와 만나기로 했는데 내가 연락조차 하지 않았기 때문에 많이 궁금했을 터이다. 조금 더 기다리라는 말만 했다. 만나서 잠깐 얼굴만 보고 버스를 태워 보내고 난 다시 집을 향했다. 바쁠 수밖에 없는, 바빠야만 하는 휴가임에 틀림없음을 느끼며 집에 도착하여 가족과 함께 얼굴 보며 이야기를 나누고 잠자리에 들었다.

월요일, 부대에 복귀하는 날이다. 좀 특별한 건 어머니 학교에서 발표회를 하는 날이기도 했다. 비가 내리는 아침 9시가 되어서 난 발표회 참석을 위해 채비를 하였다. 구민회관, 서울에 살 때 산책을 하며 지나다녔던 곳인데 이사 온 지 얼마나 되었다고 정확히 기억이 안나 역 앞에서 지도를 살펴보았다. 천천히 살펴보니 걸어서 가기에는 좀 멀어 보여 마을버스를 타기로 하고 기다렸다. 다행히 오랜 시간이 지나지 않아 버스가 왔고, 그 버스는 구민회관을 지나가는 버스였다. 도착지에 있을 때에는 이미 발표회는 시작된 후였다.

한국인과 외국인들의 조합으로 이루어진 오케스트라가 연주를 하고 있었다. 우리 어머니의 순서가 되기 전까지 많은 팀들의 공연이 이어졌다. 특히 고등학생들이라고 믿겨지지 않을 만큼의 노래와 춤 실력을 갖춘 사람들이 많아 흥미로움의 연속이었다. 어머니께서는 스포츠 댄스의 한 종류를 가지고 공연을 하셨다. 학교의 어머니들과 함께 하셨는데 잘하셨다.

여자들이 남자 역할까지 했는데 우리 어머니는 여자 역할이었다. 많이 연습한 모습들이 보였지만 아쉬웠던 점은 표정연기와 남자 역할을 한 어머니들의 신발이었다. 복장은 남성이었는데 신발은 힐.

공연 마지막이 다다랐을 땐 시작부터 나왔던 오케스트라의 연주로 끝을 맺었다. 마지막 곡은 '사랑으로' 라는 곡이었다. 이곳에 오기 전에는 중·고등학교 예술제라 무시하는 마음도 없지 않았었다. 어머니가 나오시니까 참석한 것이지만, 의외로 괜찮은 예술제였던 것 같아 전혀 후회스럽지가 않은 참석이었다.

공연이 끝나고는 점심을 먹었는데 어머니와 함께 공부하시는 어머니께서 잘 아시는 갈비탕 집에서 갈비탕을 먹었는데 어찌나 맛있던지 복귀하는 그날까지 몸보신 한 것 같아 너무 나른했다. 집에 도착하고서는 어머니는 끝내 아쉬우셨는지 과일을 사오셨다. 난 그렇게 괜찮다고 했는데 뭐 하나라도 더 먹여 보내고 싶으신 마음인 것 같다. 그렇게 난 끝까지 수박을 먹고 군복과 전투화를 신고 집을 나섰다. 아쉬움을 뒤로 한 채 떨리는 마음으로 버스에 탔고, 부대 앞에 내려 비도 오고해서 뛰어서 부대에 복귀했다.

100일 휴가를 나올 때와 복귀할 때 다른 사람들은 "미치게 좋았다. 복귀

하는 날이 죽도록 싫었다"라는 말을 들은 적이 있다. 하지만 난 미치게 좋지도 않았고, 복귀가 싫긴 했지만 죽을 만큼 싫지도 않았다. 많이 힘들지 않아서였나. 2년 동안 살아야 할 내 집이다. 생각하기 나름이라고 말하고 싶다.

남에게 나의 군 생활을 말해주고 싶다. 훈련소와 통신학교에 있을 때 미리 아프게 되어 자대배치 받고 나서는 아프지 않고 긴장과 건강함을 주셔서 힘든 일들 이겨낼 수 있게 해주신 것에 대한 감사를 드린다.

유격! 유격!

이등병 시절의 유격 훈련

　힘들 것만 같았던 행군은 그리 힘들지 않았다. 유격장에 도착해서 한 것이라곤 입소 신고와 텐트 주변정리. 작년에는 텐트도 숙영지 와서 치고 완전 군장으로 30km 정도 했다는데 1년 만에 너무 많은 것들이 바뀌어버린 것 같다고 작년에 유격을 받았던 선임들은 이야기한다. 어쨌든 첫날 유격은 텐트 주변정리와 텐트 내부정리 등 제대로 된 훈련은 시작도 하지 않았다.
　6:00~7:30 아침에 일어나서 보초를 선 시간이다. 덕분에 아침에 바쁘게 움직일 필요가 없었다. 하지만 7:30까지 전부 선 것은 아니었다. 7시가 좀 넘은 시각에 후번 근무자가 교대해주러 왔다.
　후번 근무자 모두 환자였기 때문에 보초를 좀 많이 서게 된 것 같았다. 유격 훈련은 힘들고 위험한 훈련이 많기 때문에 환자들은 경계근무에 투입되어 훈련을 열외 받는다. 하지만 환자는 선임 순이라는 것. 이것도 군대가 변하는 과도기의 시기인 내가 일병부터 상병까지의 1년 만에 유격훈련은 변해버렸다.
　'얼마나 힘들까?' 말로만 듣던 PT체조 1번부터 14번까지 배우고 훈련하기 시작했다. 처음에 경계근무 때문에 못 배운 것이 1~6번이었는데, 나중에 선임들에게 배울 수 있었다. 처음 하는 것치고는 많이 편해졌다는 그런 말 때문일까? 생각보다 힘들지 않았다. 하지만 PT 8번 온몸 비틀기와 14번 쪼그려 앉아 점프 뛰기만큼은 참기 힘들 정도로 온몸 구석구석 근육이 아팠던 기억이 난다.

오후에는 기초 장애물 3개를 탔다. 실수를 하면 크게 다칠 정도로 위험한 장애물들이었다. 마지막 세 번째 3단 뛰어오르기라는 장애물을 통과하지 못해 아쉬웠다. 생각보다 너무 어려운 장애물이었다. 오전에 땀을 비 오듯 흘렸던 PT체조보다 체력소모가 훨씬 더 적은 기초 장애물을 타는 것이 더욱 좋았던 듯싶다.

야간에는 담력을 키우기 위해 밤에 등산을 했다. 물론 담력을 키우기 위한 것이기에 조교들이 귀신 분장을 하고 곳곳에 있다는 것이 중요한 점이다. 한 사람 한 사람 개인이 약 50M거리를 유지한 상태에서 산을 오르게 된다. 산에 오르기 전에는 교관이 무서운 이야기를 해서 우리를 긴장시킨 다음 산에 오르게 한다.

개인 간 간격이 생각보다 길어서 처음엔 솔직하게 겁을 먹기도 했다. 산 입구에는 모형귀신들이 있더니 어느 정도에 가서는 조교들이 귀신복장을 하고 가만히 있다가 나와 전우들 각자가 지나갈 때 놀래 키는 역할을 하는 것이었다.

"우!"(나의 깜짝 놀라는 소리)라고 비명도 질렀다. 크게 지르지 않았지만, 솔직히 깜짝 놀랐다. 그런데 뒤로 가면 갈수록 패턴이 비슷하고 몸도 적응을 해 가는지 잘 놀라지 않게 되었다. 긴장을 해서인지 등산을 해서인지 땀이 적지 않게 났다.

전자일까? 후자일까? 나 자신도 이에 대해 궁금했다. 말번 경계근무로 인해 오랜 잠은 잘 수 없었지만 이렇게 바쁜 하루를 얼큰한 육개장 라면

한 사발과 맛스타 사과 맛으로 피로를 가시려 애쓰며 잠자리에 들었다.

드디어 세 번째 날. 아침부터 좀 당황스런 소식을 접하게 되었다. 비가 120mm 온다는 것이었다. 몇 시간 동안 그러한 양이 내리는지 정확히 모르지만, 간부들 말투로는 분명 많은 양의 비였다. 그래서 몇몇의 병력으로 훈련을 열외하고 배수로 정리와 주변정리를 중대장님이 키셨다. 그중에 내가 포함될 줄이야.

기준은 이러했다. 병장 중 가장 선임 1명 상병 중 가장 선임 1명, 일병, 이병도 마찬가지였다. 내가 이병 중에 최선임이었던 것이다. 힘든 유격훈련을 하지 않으니까 다른 이들은 부러워했을지 모른다. 하지만 내 생각은 그렇지 않았다.

작업인원 중에서는 내가 가장 막내였고, 한 번도 받아보지 못한 훈련을 받아보고 싶기도 했고, 일단 막내이면 눈치도 많이 봐야 하고, 선임들 눈에 안차는 행동을 하면 많이 혼날 게 분명하기 때문이었다. 내 예상은 크게 빗나가지 않았다. 작업 중 제대로 안 한다고, 열심히 안 한다고 많이 혼났다. 내 나름대로 열심히 한다고 하는데 선임들 눈엔 그렇게 보이지 않는가 보다.

배수로 작업과 우의, 비닐상태 확인 및 보수작업을 대부분 완료할 즈음, 훈련을 마침 선임들이 왔다. 그 몰골을 보자 하나같이 다들 말이 아닌 모습, 물에 빠진 생쥐 모습들이었다. 그네타기 장애물에서 대부분 빠졌을 거라 생각된다.

선임들 눈치와 욕을 먹으며 힘들게 삽질까지 했던 나지만, 적어도 그 순간만큼은 '배수로 정리에 뽑힌 내가 다행이었군, 편한 것이었군' 이라 생각할 수 있었던 순간이었다. 오후 훈련이 지나고 생각해봤을 땐 더욱 다행이란 생각을 했다.

점심식사 후 선임들의 한소리가 이어졌다. 오전훈련 중 목소리도 작고,

또 뭔가 잘못했나 보다. 꽤나 오랜 휴식시간을 선임들은 정신교육이라는 명목 하에 빼앗아갔다. 보통 점심식사 후 2시간 30분어를 쉴 수 있는데 이 날은 1시간도 못 쉬었다.

난 그 짧은 시간에도 지금 이 순간순간을 기억하기 위해 펜을 들고 잠시 눈만 붙이는 것이지만 말이다. 오후 유격훈련시작, 장애물을 타기 위해 장애물 코스장가는 도중에도 '유격자신'이라는 구호를 목청 터지게 외치면서 갔다. 중대 전체 목소리가 작으면 전체 기합(PT체조)을 하기 때문에 PT체조와 장애물을 넘는 것보다 더 힘든 건 목청 터지게 외쳐야 하는 구호들이었다. 짬 먹은 선임들이 크게 목소리 높일 일은 없었고, 기합을 받게 되면 그 분통은 내리 갈굼으로 이어지는 것이었다.

오후 훈련을 마치고 우두머리급 선임에게 한소리 들은 후 우리는 개인정비시간을 가질 수 있었다.

오늘 난 6시부터 근무가 있었는데 시계를 차고 있지 않았고, 밥 먹는데 정신이 팔려 깜박하고 말았다. 큰 실수였다. 근무자 명령서가 바뀌어 잘못된 것도 있지만 내 잘못도 컸던 것이다. 그래서 근무시간은 21:00~23:30으로 바뀌었다. 다들 9시에 취침을 했는데, 나만 눈을 뜬 채로 또 밤을 밝힌다.

오늘도 컵라면을 먹고 몇몇 선임과 식당 앞에서 기념사진을 찍고, 난 근무에 들어갔다. 이 사수는 근무가 지루하지 않도록 항상 재미있는 이야기를 원한다. 특별히 재미있거나 무서운 이야기를 모르는 나는 사수에게 관심분야를 물었다. 많은 관심분야 속에서 난 군 생활에 대해 몇 가지 질문을 하게 되었고, 1시간이 넘도록 군대 이야기를 했다.

군대와 사회(회사)는 너무 비슷하다는 사수 말에 정당한 이유가 있어도 그 상황에서 밝힐 수 없고, 후임은 항상 고개를 숙이며 "죄송하다"는 말을 해야 하는 곳이 군대이고, 사회는 그렇지 않은 곳이라고 나는 이렇게 대꾸했다. 하지만 그 불합리한 상황의 예를 들어보라는 사수의 질문에 난 아무 말도 할 수 없었다. 한 가지 배운 것이 있다.

내가 잘못을 해서 혼나는 것이든 아니든, 선임이 화가 났을 때에는 무조건 숙이고 들어가는 것이 좋다고, 화가 난 선임은 어떤 소리를 해도 들리지 않고, 그때의 이유는 핑계로만 들리고 화만 돋을 뿐이라고. 해결 방법은 선임이 화가 풀렸을 때나 다른 날을 잡아 커피 한잔하자고 권유한 후 그 상황에 대해 설명하고 이야기를 하는 편이 나을 거라면서 조언을 했다.

예전부터 알고 있었던 것 같은데, 요즘 들어 잊고 있었다. 하긴 그러한 이유조차 나에겐 허락되지 않았을 시간이고 짬이지만. 모두 핑계일 뿐이다.

나이와 군 생활 짬은 속일 수 없는 것 같다. 이 한 가지조차 난 익숙지 않았고, 말싸움에서 진격이란 생각이 들었다. 경계근무를 마치고 잠자리에 들었지만, 불침번 근무 때문에 난 또 많은 잠을 잘 수 없었다.

3:35쯤에 눈을 떴다. 아마 비가 와서 챙기고 나오는데 시간이 많이 걸릴 거라 생각한 선임 때문일 거다. 정신 차리기가 힘들었지만 근무를 서야만 했다. 부사수로서 사수는 아무것도 하지 않은 채 경계근무자들을 깨우고 사수지시에 모두 따랐다. 생각보다 배수로의 상태는 괜찮았고, 가끔 진흙이 많아 푹푹 빠지는 곳에 발이 닿지만 않는다면 텐트 설치와 보수 작업은 성공적이라 하겠다.

새벽 늦게까지 내리던 비는 기상시간에 맞추어 잠시 멈추었다. '이대로 훈련을 하는 것인가'라는 생각과 함께 아침식사를 하고 오는데 비가 다시 내리기 시작했다. 곧이어 나오는 지휘통제실의 통보. '위생요건이 좋지 않기에 텐트에서 모두 대기하도록'

오전은 부족한 잠을 잠시 눈을 붙이고 회복의 시간을 가지며 그렇게 지나갔다. 눈을 떠보니 점심시간. 비가 많이 오니까 나가기도 싫었다. 하지만 때가 되면 고파오는 나의 배. 점심을 먹고 몇 시간 동안 텐트사이로 삐져나오는 햇볕의 힘으로 유격훈련을 기록하고 있다.

세상모르고 텐트를 차지한 채 잠을 자고 있는 두 선임을 옆에 두고 이렇게라도 글을 쓸 수 있는 시간이 있다는 것에 감사하고, 피로한 몸을 쉴 수 있게 해주신 하나님께 감사하다. 시간이 많으면 생각할 시간도 많아 좋다.

냄새도 냄새지만 진흙이 들어와 모포도 적시고, 오랜 시간 무릎과 세면가방에 의지해 글을 쓰고, 동일한 자세로 오래 있는 것도 무지 힘들다. 하지만 나는 시간적 여유만 허락한다면 과거를 기록하기 위해 하루 이틀 미룬 일기도 쓴다. 그것도 나에겐 기록의 기쁨이다. 이렇게 기후 조건으로 인해 29일의 유격훈련은 쉬이 지나가버렸다.

유격의 마지막 날 아침에 눈을 떴을 땐 상쾌할 정도로 날씨가 좋았다. 또 PT체조를 해야 한다는 부담감이 마음에 있긴 했지만, 까짓것 유격의 마지막 날이니까 한번 참아 준다는 마음이다.

마지막 날이라서 그런지 조교, 교관들도 그리 힘들게 시키지 않았고, PT 시간이 그리 길게 느껴지지도 않았다. 1시간 좀 넘게 했을까, 이후 부대 간 축구 게임을 했다. 솔직히 피곤한 몸을 이끌고 축구를 하고 싶지는 않았는데 나의 바람대로 되었다.

상병급 이상 선임들만 축구를 했고, 난 전후반 1시간 남짓씩 물 당번(물 갖다주는 역할)을 했다. 시간은 빨리 갔고, 이제 숙영지로 복귀하여 텐트 안팎을 정리했다. 우리 중대는 아침을 가장 먼저 먹었기에 점심을 가장 나중에 먹게 되었는데, 우리 중대가 먹으려고 했을 땐 배식이 끝나버렸었다. 취사병들은 야간행군에 평소보다 저녁밥을 빨리 준비했기 때문에 오후 2시가 다 되어서야 밥을 먹을 수 있었고, 4시가 좀 안 되어서 2시간 전에 먹었던 밥과 반찬 그대로 저녁식사를 했다.

그래도 맛있었다. 내가 좋아하는 카레였고, 난 요즘 항상 배가 고프다. '이등병이라서 그런가?' 그 후 16:30경 퇴소 신고를 마치고 중대 복귀를 위해 군장을 매고 서서히 걷기 시작했다. 유격장 정문을 떠나는 마음은 무겁지 않았다. 힘들어 지려고 했던 찰라, 목요일의 비로 하루 쉬는 바람에 체력을 회복할 수 있었으니 제대로 된 유격 훈련을 받았다고 하기도 좀 쑥스러울 정도다.

이렇게 나의 첫 번째 유격훈련은 끝이 났다. 중대 복귀는 9시 30분쯤에 했고 더운 물에 샤워를 할 수 있어서 피로도 풀 수 있었다. 중대복귀는 곧 바쁜 생활의 시작이라는 것을 나의 몸이 말해준다. 샤워를 해도 땀은 오랜 시간 바짝 마른 나의 속옷을 금세 적셔버리니까.

피곤했던지 20:00~07:00 9시간 동안의 취침에도 한 번도 깨지 않고 아주 푹 잤다. 하지만 또 난 바쁘게 움직여야만 했다. B조 유격훈련 때문에 내가 대신 지원파견을 나가야 하는 상황인 것이다. 일주일 정도의 시간이지만, 단말(통신)근무이기 때문에 시간이 많이 남으니까 좀 쉴 수 있는 시간이 될 것 같다는 생각이 든다. 전화 받고 실수만 안했으면 좋겠다. 기본적인 전화 예절과 기기들을 배운 후 이렇게 난 일기를 또 쓰고 있다.

'내일 일은 아무도 모른다' 지원파견이 정기파견으로 바뀌었으면 하는 나의 바람에서 나온 생각이다. 내일이 중대 복귀 예정일이다. 하지만 확정도 아니고 비가 오면 수송부에서 배차가 안 되기 때문에 하루가 더 밀릴 수도 있는 상황이다.

이런 말이 먼저 나온 이유는 그만큼 파견지 생활이 편하다는 것이다. 요 며칠 동안 이등병이 아닌 것 같은 생각이 들만큼 편했다. 밤을 꼬박 뜬눈으로 지새워야 하는 상황근무가 조금 힘들긴 했지만 이 정도쯤이야라는 생각이 든다. 지원파견 기간 동안 정말 별 특별한 일은 없었고, 시간도 잘 갔던 것 같다. 편해도, 힘들어도 지나온 시간들을 돌이켜 보면 빨리 지나갔다는 생각과 함께 정말 아무것도 아니다.

실수 연발

　월요일에 광복절이 있어 3일 연속 연휴로 인한 미니 축구대회가 대대장님에 의해 계획되었다. 13, 14, 15일 동안 4개 중대가 축구를 했다. 우리 중대의 많은 선수들은 파견지에 가 있기 때문에 전력손실이 우려되었는데 현실로 이루어졌다.
　세 팀 모두에 패배, 다른 팀의 경기도 관람해야 했기에 오전, 오후 쉬지 못하고 응원을 했고, 축구선수들이 너무 못해서 간부들도 화가 나고, 선임들도 화가 났다. 나도 하고 싶은 마음은 굴뚝같았지만 실력이 안 되는 걸 어쩌겠는가. 사회에 있을 때 축구를 많이 안했던 것이 꽤 후회가 된다.
　얼마나 답답하셨으면 경기 중에 중대장님께서 직접 선수로 나가서 경기를 하셨을까. 전반기 체육대회 우승팀이었는데 실망이 크신 것 같아보였다. 나에게는 기회조차 나지 않는다. 기회가 있다 해도 잘할 자신이 없었다. 포상 휴가증이 등수별로 배분되었다. 우리 팀이 1등을 했다면 기분은 좋았겠지만 꼴찌였다.
　나도 포상휴가를 가고 싶다. 언제쯤 포상휴가를 갈 수 있을까? 축구 선수들에게는 포상을 받을 수 있는 기회이기 때문에 좋을 수도 있겠지만 응원상도 없는 미니 축구대회에선 썩 그리 반갑지 않은 소식이었다. 3일 연속 응원에 목만 메였으니 그럴 만도 하지 않은가? 이번 대회를 통해 느낀 건 중대장님의 중대원사랑! 전쟁에서 병사들이 열심히 싸우지 않아 중대장님께서 대신 총알받이를 한 것과 같다고 축구 잘하는 선임이 말했다. 이 말이 기억에 좀 남는다.

긴장을 안 하는 탓인가. 뭐가 그리 편했다는 말인가. 난 그리 생각하지 않았는데. 며칠 전에 큰 실수를 저질렀다. 선임에게 "오셨다"가 아니고 "왔다"라고 말했다. 이일 때문에 많은 욕을 먹었다.

수요예배 때에는 처음으로 마음이 너무 불편했다. 다른 때에는 예배를 드리면 모든 것을 잊고 예배에 열중하고 회계하며 걱정을 잠시나마 잊을 수 있었는데 이날만큼은 아니었다. 예배에 열중할 수 없었고, 예배 때문에 빠질 청소와 욕먹을 생각을 하며 예배를 드렸다.

하나님께 죄송했다. 정말 이렇게 드릴 예배라면 '차라리 안 드리는 편이 나을 듯하다'는 생각이 들었다. 마음의 상처가 쌓이지만 글을 쓰게 되면 마음이 그나마 가라앉는다.

하지만 내 안의 분노는 쉽게 사그라지지 않는다. 요 며칠 한 가지 일로 내리 갈굼을 당해 마음이 많이 피폐해졌다. 마음을 추슬러야 하는데, 다른 사람을 미워하면 안 되는데, 자꾸 그런 마음이 생겨 내 자신이 부끄럽고 싫다. 그는 정말 진정 '쓰레기'처럼 느껴지고, 나쁘다고 느껴지고, 심지어 죽이고 싶다는 느낌을 받을 때도 있다. 하지만 그러지 않는 것, 그렇게 못하는 이유는 내 미래를 위해서이다. 정말 많이 마음이 많이 상했다. 정신 차려야 한다. 종교 활동을 통해 영혼과 정신, 생각의 건강을 회복했으면 좋겠다. 진정으로 희망, 소원한다.

난 정말 뭘 빨리하는 것에 소질이 없는 건가? 뭐 딱히 그렇게 말하고 싶지는 않지만, 오늘 많은 실수를 범했다. 특히 군장을 써야 하는데 어떻게 해야 할 바를 몰랐다.

내가 알고 있었던 방법이 틀린 것이었다. 난 군장 가장 아래 부분에 끈을 매려 했는데 군장 중간부분에 끈을 고정시키는 부분이 따로 있었다. 사람을 보고 하지도 못하는 감각도 부족했고, 잘 몰랐던 내가 잘못이다.

덕분에 일병 선임들만 병장 선임들에게 된통 깨졌다. 물론 내리 갈굼으로 파장은 나에게 까지 왔다. 후임들도 했는데 나는 왜 못하냐고 모욕을 당했다.

선임들도 참 너무하다는 생각이 든다. 꼭 그렇게까지 남에게 나를 비교하고, 좋은 말로 가르쳐 주면 될 것을 ○○같은, 더러운 욕을 해가면서 나의 작은 실수 하나 보이면 아침에 군장이야기를 꺼내고 나를 갈궜다. 한마디로 짜증났다.

사람 다룰 줄 그렇게 몰라서야 사회에 나가서 어떻게 높은 자리에 오를 수 있다는 말인가. 난 이런 선임을 만난 것을 행운으로 여겨야만 했다. 왜냐면 내가 당해봤으니까 다른 후임들에게는 그런 식으로 인격모독을 안할 테니까. 그런 것이 얼마나 기분이 나쁜 것인지 난 알고 있으니까. 군장 해체도 8명중 5등. 다행이 커트라인을 넘었다. 내 뒤에 세 명은 오늘 하루 종일 작업, 사소한 것까지도 해야만 했다. 보기 안쓰럽기도 했지만, 나는 가만히 있어야 하고, 선임이 모두 움직이니까 더 불편한 느낌도 들었다.

왜 이렇게 해야 했냐면 내무실 실세인 선임이 시켰기 때문이었다. 불합리한 행위였지만, 힘없는 우리로서는 따를 수밖에 없었다.

나의 두 번째 파견지 생활이 시작되었다. 이번에도 정식파견이 아닌 타인의 일로 지원(단기)파견 나간 것이긴 하지만 파견지의 맛을 알아 버린 나는 그리 기분 나쁘지는 않았다. 중대에 있을 때에는 이렇게 글을 쓸 시간도 부족하지만 파견지에서는 근무를 서면서도 여유가 있다. 요즘 연이어 계속되는 주특기 훈련이 부담스럽기는 하지만 중대에 있는 것보다야 훨씬 낫다고 생각된다. 잠시 쉬어가는 시간이었으면 한다.

이등병의 여름

　나의 자대 전입일은 6월 7일. 군대의 날씨는 슬슬 더위가 오는 그런 시기이다. 미리 말해두지만 군대는 3월말에서 4월초까지 춥다. 그러니 내가 전입을 간 날 즈음은 날씨가 더워지는 시기이다. 이제부터 군 생활은 시작이었다.

　중대에 내 윗선임들은 100명이 넘었다. 난 거의 막내, 운이 좋게도 전입되었을 때부터 후반기 교육을 받지 않고 훈련소에서 바로 자대배치를 받은 후임들이 몇 있기는 했지만, 별 도움이 되지는 못했다. 한창 뛰어다닐 짬밥이었다.

　선임들 시중도 들고, 중대 내에서 작업할 거리가 생기면 뭐 생각할 필요도 없이 자진해서 1순위인 나. 여러 가지 일을 하고 더운 날씨에 나쁘게 뛰어다니다 보니 거의 항상 속옷은 땀으로 젖어 있었다.

　땀에 젖은 내 몸을 매일 씻어줘야 했는데, 그렇지 못할 때도 허다했다. 어느 날은 여름밤 점호 시 반바지에 러닝셔츠 점호를 했었는데, 어떤 선임이 나에게 어깨동무를 하며 "봉주야 요즘 고생이 많지?" 라는 말이 채 끝나기도 전에, "너 씻었어? 안 씻었어?"라고 물었다. 난 안 씻었다고 했다. 그 후 선임은 나에게 간부가 물어보면 꼭 씻었다고 대답하라고 말해줬다.

이것뿐만이 아니었다. 여름이었지만 매일 샤워는 꿈만 꾸고 할 수는 없었다. 또한 샤워를 하는 날이면 정성껏 속옷을 손빨래하여 대대가 함께 썼던 건조장에 널어놓고 다음날 찾으러 가보면 없어져 있기 마련이었다. 속옷과 양말을 보급 받은 지 얼마 되지 않아 그나마 상태가 양호한 이등병들의 속옷 양말을 누군가 분명 손을 대는 것이 분명했다.

그렇지만 누구에게 하소연 할 수도 없었다. '이번엔 안 훔쳐가겠지'라며 몇 번 속옷을 건조장에 널었지만 매번 같은 일이 반복되었다.

난 이렇게 생각했다. '아무리 깨끗이 속옷을 빤다고 해도 어떻게 얼굴도 모르는 남이 입던 속옷을 입을 수 있을까?' 찝찝한 느낌도 느낌이었지만, 내 양심이 남의 것에 손대는 것을 허락지 않았다. 그때 상, 병장 선임들은 취침시간에 내무실 관복대에 빨래를 널곤 했다. 하지만 난 그렇게 할 수 없었다. 내 동기와 바로 윗선임들은 그렇게 하지 않았기 때문에 으레 그렇게 따라야 할 것 같아서였다. 그냥 하면 안 될 것 같은 느낌이 팍! 들었다.

그러던 어느 날 갈아입을 속옷조차 없을 땐 바로 막 빨아서 손으로 있는 힘껏 꽉! 짜서 바로 입은 적도 있었다. 이때 생각하면 아직도 혈압이 오르고 가슴이 찡하다. 내가 왜 그런 생활을 해야 했는지, 너무 화가 나고 그렇다. 그랬는데도 그 당시에 정말 다행이었던 건 러닝만 입고 있어서 그랬는지, 체온으로 인했는지 몰라도 금방 마르는 게 매우 좋았다.

며칠씩 못 씻게 되면 사타구니와 허벅지까지 쓸려서 상처가 나곤 한다. 그러면 너무 쓰라려서 남자가 포경수술하면 나오는 자세를 취하고 걸을 때도 있었다. 한 이틀정도 깨끗이 잘 씻고 연고만 잘 발라줘도 금방 차도를 보였는데, 그때에는 왜 그런 여유도 없었는지 잘 모르겠다.

그 피부병이 생겼다가 괜찮아졌다가 또 며칠 못 씻으면 다시 재발하고 그래서 어느 선임은 씻을 시간도 안주면서 "또 그러냐? 좀 잘 씻어."라고 말만 해줄 뿐이었다. 어느 날은 몸이 너무 찝찝해서 잠을 자주 설치는 것이었다. 도저히 못 참겠어서 세면도구를 들고 새벽에 일어나 샤워를 하고 들어와 잠을 잔 적도 있었다.

그런데 하필 그때 한참 윗선임이 잠을 깨서 내게 그랬다. "잠 안자고 뭐 하고, 다음부턴 그러지 말고 쳐 자라." 속으로 뜨끔하긴 했지만 그날은 편히 잠을 잘 수 있었던 것 같다. 요즘 군대에서는 상상도 못할 일들이 나에게 진짜 있었던 시절이 있다. 꼭 거짓말 같은데, 내가 직접 겪었던 일들이다. 아마 이 사실을 20여 년 동안 고이 길러 주신 부모님이 아셨다면 대성통곡을 하지 않으셨을까 한다.

피부질환이 없는 사람도 있을지 모른다. 하지만 대부분의 전우들이 군대에 와서 경험하지 않았나 싶다. 나 역시 마찬가지이고. 어느 때부터인가 엉덩이 부분에 가려워서 잠결에 몇 번 긁은 적이 있다. 아직도 완쾌되지 않은 것 같기는 하지만 그래도 괜찮아진 편이다. 며칠 전 파견지 목욕탕에서 엉덩이를 거울에 비춰본 적이 있다. 거무스레하게 되어 있어 좀 지저분했다는 표현이 옳을 것 같다.

가려움을 못 참고 잠결에 긁었을 테지. 예전에도 생각했었지만 우리 몸은 모포, 포단, 매트리스의 세균과 피부병에 저항하지만 저항의 힘이 부족하여 옮고, 회복되지 않아 발목 주변에 피부질환이 생긴 것 같다. 빨리 회복되었으면 하는 바람만 가져본다.

환복을 하는 가운데 입대 후 처음으로 내 전투복에서 쉰 냄새가 났다. 정말 고약했다. 내가 옷을 오랫동안 너무 안 빨았나? 하긴 중대 내에 있으면 내 속옷이 마를 새가 없다. 계속 움직이기 때문이다. 또한 긴장하고, 그래서 땀도 많이 나고, 전투복을 빨아도 누가 훔쳐갈까봐 건조장에 널지도 못한다. 도둑놈들이 득실대는 곳이 군대이다.

　자대에 온지 얼마 되지 않아 건조장에 널어놓은 속옷 2벌과 양말 2켤레를 널어놓았는데, 그 다음날에 가서 가져오려니까 없어진 일이 있었다. 그 이후로는 건조장에 빨래 널기가 무서워서 널지 않았다. 아는 동기와 후임은 전투복을 잃어버려 다른 사람 물건에 손을 대는 일까지 있었다. 한 사람의 부주의가 연속해서 악순환의 고리를 형성하게 된 것이다.

　나는 군대에 가기 전부터 알레르기 비염이 있었다. 그리 심한 편은 아니었지만, 계절이 바뀌게 되면 콧물이 나오고 코가 막히는 정도였다. 생활을 하는 데 많이 불편한 편은 아니었지만 신경이 쓰이는 부분임에는 틀림없었다. 또한 수면시간에는 코도 골았다. 내무실 전체가 울리는 그런 정도는 아니었지만, 분명 타인에게 방해를 주는 정도였다.
　이등병이 수면시간에 코를 곤다는 것은 정말 끔찍한 일이다. 선임들의 수면시간을 빼앗아 간다는 것 자체가 얼마나 끔찍한가? 처음에는 내가 어쩔 수 없었다. 옆으로 누워 자면 좀 낫다는 말도 들어 그렇게도 해봤지만, 수면시간 내내 그렇게 잘 수는 없었던 것이다.
　내무실 인원 모두에게 수면을 방해하는 것을 피할 수는 없었다. 나는 코골이 때문에 몸이 아파야 했다. 옆 선임에게 턱을 손으로 맞은 적도 있고, 반대편 침상에서 자고 있는 선임이 던진 베개에 배를 맞은 적도 있었다. 몇 번 그렇게 당하다 보니 잠을 편히 못 자게 되었다. 항상 긴장을 한 상태에서 잠을 자게 되니 숙면이 될 리 없었고, 일과시간에도 항상 피곤한 모습이었다. 나의 긴장상태가 어느 정도였냐면 야간 근무가 있는 때면 날 깨울 선임이 내무실문을 살짝 열고 들어오려 할 때 난 눈을 떴다. 극도의 긴장상태가 일과시간과 수면시간에 계속되었던 것이다.
　그 후 언제부터인가 코를 안 곤다는 소리를 들었다. 현대과학을 이용해

수술을 한 적도 없었고, 약을 먹은 적도 없었는데 신기하게도 나의 코골이는 이렇게 고쳐졌다. 전역을 한 지금, 비염은 아직도 있지만 코골이는 군대에서 고쳐버린 것이었다. 지금 생각하면 참 가슴 아프게 고쳐졌지만 참 사람이란 게 환경에 이렇게도 적응할 수 있다는 것에 신기함을 감출 수 없었다.

2년 동안 나의 목에 걸려 있던 인식표와 십자가는 항상 차가웠다

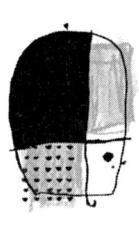 일병  #03

추석

체육활동 중 사진기 앞으로 달려든 중대원들

추석이 다가온다. 대명절인 추석, 올해처럼 별 느낌 없이 넘어갈 때가 있을까? 100일 휴가 후 두 달여 만에 외박을 나간다. 주중에 외박을 못나간다는 것이 아쉽기는 하지만 명절에 나간다는 것에 의미를 두고 싶다. 1박 2일의 짧은 시간이니 복귀할 때의 그 허무함이 벌써 느껴지는 것 같다.

전술 훈련도 이제 거의 다 끝나간다. 자대 전입 후 유격훈련보다 더 힘든 큰 훈련이라 생각된다. 훈련기간은 12일~16일이지만 준비기간 동안 일주일에 3번 정도 출동을 나가게 되고 야간에 근무까지 서서 코피를 흘린 적도 있다. 나뿐만 아니라 다른 전우들 또한 마찬가지였다.

제대로 씻지도 못하고 제대로 먹지도 못하고 군장을 싸놓아서 입었던 속옷을 샤워 후 다시 입고, 이틀 입으면 도저히 찝찝해 빨아서 말리지도 못하고 젖은 속옷을 다시 입고 더러운 손으로 음식이나 과자, 음료수를 먹은 적도 한두 번이 아니다.

군대는 인간이 살 수 있는 최소한의 여건만이 있는 곳처럼 느껴진다. 다른 불쌍한 나라의 사람들이 떠오른다. 분명 나보다 더 못한 생활을 하고 있을 것이다. 이러한 경험을 언제 해보겠는가? 내 평생에 가장 배고플 시기인 것 같다. 그리 나쁘게 생각되지는 않는다. 좋은 경험이겠거니 다들 함께 하니 뭐가 이상한지, 더러운지도 모르고 생활한다.

연일 계속되는 훈련은 오늘도 계속되었다. 특히 오늘은 며칠 전에 가보았던 훈련장은 여자친구의 집과 가까운 곳이라 나에게 좀 더 의미가 있는 출동지이다. 어제 생활은 우리나라가 미군과 합세하여 공격하는 상황이 오늘 새벽까지 이어진다.

공격의 발판은 ○○산. 난 훈련을 나가보았지만 평가관들이 훈련에 대해 물어보면 간부들은 쇼맨십을 가지라고 대답하라고 지시한다. 지금은 전시를 대비한 훈련 상황이지만 상황과 보고는 전시와 같다. 그래서 시나리오가 있는 것 같다. 소대장님과 중대장님께서 브리핑 하시는 것을 듣고 있으면 솔직히 속으로 웃음이 나온다. 물론 웃음을 참고, 주의 기울여 듣기는 하지만 말이다.

이렇게 글을 쓸 시간이 있다는 게 너무 좋다. 하지만 지금 내 주위엔 산모기들이 나를 감싸고 있다. 방금 전까지 10마리 정도를 잡았다.

갈색이 되어야 먹을 수 있는 밤이 하얀색이고, 껍질의 가시도 파란 녹색을 띠고 있다. 전혀 익지 않은 밤이다. 이것이 먹고 싶었던 적이 있었나? 없었다. 이런 밤을 본적도 별로 없었다. 배가 너무 고프다. 다른 것보다 배고픔이 가장 힘든 것 같다. 배고픔이 그토록 심했던 이유는 점심을 굶었기 때문이다. '훈련을 하다보면 그럴 수도 있겠지' 라는 생각을 가져보지만, 위문차 중대장님이 사 오신 초코파이를 보고 눈물 날 뻔한 그때는 정말 '이건 아니다' 라는 생각이다. 일요일까지만 참자, 외박이 나를 기다린다.

훈련기간 동안 당했던 외박 통제. 피곤한 몸을 부대 밖에서 추스르려 했었는데 다른 이유에서 훈련이 끝나고도 통제를 받았다.

훈련기간이라 모두들 정신없이 바쁜 가운데 큰일이라면 큰일인 일이 부대 안에서 벌어졌다. 상병과 이등병이 야간근무를 서기 전과 서는 도중에 문제가 있었던 것이다. 후임이 대들었다는 선임병. 내가 눈과 귀로 느끼지 못했기 때문에 정확한 사인은 알 수 없었지만, 후임이 대들어서 선임은 다른 선임에게 말하고, 사건이 일어난 이후 만 하루가 지나지도 않아 중대원 전체가 알게 되었다.

그 일은 선임들을 화나게 했다. 군대가 변해도 너무 변했다는 둥, 이제 저렇게 대드는 놈들은 계속 늘어날 것이라는 둥.

구타가 일어났다. 직접 보게 되었다. 서너 명의 선임이 번갈아 가며 갈굼을 행했고, 머리와 얼굴 주위를 때렸다. 안경을 쓰고 있던 그 후임은 안경이 날아갔고, 왠지 안 좋은 기분이 많이 들었다. 내 예상은 빗나가지 않았다.

1박 2일의 훈련을 마치고 돌아왔을 때에는 간부들까지 모두 알게 되었고 그 사건 때문에 화난 행정보급관님께서 외박통제를 하신 것이다.

말로만 듣던 소원수리를 한 것이다. 언젠가는 일어날 수 있을 거라 생각했고, 이런 일이 발생하면 어떻게 될까? 라는 궁금증도 있었는데, 분위기가 진정으로 삭막해져 버렸다. 근엄하시고 위엄과 권위가 겉으로 물씬 풍겼다. 중대장님 입에서는 욕설이 끊이지 않았고, 화를 참지 못하시고 행정반의 선풍기와 각종 물품들을 때려 부수기 시작했다. 행정보급관님도 마찬가지로 거울과 책상유리 등을 쇠몽둥이로 깨부수며 화를 분출하시는 듯 보였다.

이런 광경을 내 눈으로 봤다는 게 신기할 정도로 놀랐고, 한편으로 쓴웃음도 나왔다. 몇몇 사람들로 인해 분위기가 한순간에 이렇게 바뀔 줄이야.

훈련 성과도 타 부대에 비해 월등히 좋았기 때문에 고생한 보람과 성취감을 느낄 수 있는 찰나였는데, 이 사고로 인해 물거품이 되어버렸다. 공든 탑도 한순간에 무너질 수 있다는 것을 느낀다. 군대는 이런 이유에서 힘들다는 것 같다. 단체생활이기에 누구 혼자만 잘한다고 해서 되는 것도 아니고, 미꾸라지 한 마리가 냇물전체를 흐리는 일이 빈번하게 일어나는 곳. 상당히 어려운 곳이라는 것을 느낀다.

이 사건을 어떻게 해석해야 할까? 어느 한쪽이 일방적으로 잘못했다고 해석하기엔 무리가 있다. 후임이 선임에게 "참을 만큼 참았으니 그만하라며 원사급 백이 있다"고 말했다고 한다. 진실인지는 모르지만 대든 것은 확실하니 잘못한 것은 확실하다.

또한 손을 댄 선임들도 잘못이 있다. 전입한 지 얼마 되지도 않은 군 생활에 한창 두려움과 부적응으로 인한 스트레스가 있는 이등병에게 손찌검을 했다는 것, 또한 제 3자가 끼어들어 손을 댔다는 것은 큰 잘못이라고 본다. 후임은 현재 따른 중대에 있지만 어떻게 될지 모른다. 돌아오지 않길 바랄뿐. 그저 서로를 위하는 길이다. 서로 떨어져 있는 것이 좋을 것 같다. 남은 군 생활 길지만 앞으로는 편안했으면 한다.

중대장님의 마지막 정신교육

특별한 훈련이나 작업이 없을 경우에는 수요일은 정신교육의 날이다. 오늘의 정신교육은 다른 때보다 특별했다. 중대장님께서는 휴가기간 임에도 불구하고 출근을 하셔서 우리 중대원들을 교육시켰고, 마지막 정신교육임을 알리시며 중대원에서 많은 것들을 가르쳐 주시려 애쓰는 모습을 보인 하루였다.

그의 나이 35세. 군 생활을 11여 년 동안 해버린 그가 도대체 사회에 나가서 무얼하며 생을 이어나갈지 궁금했다. 그는 일단 다가오는 10월에는 고민을 할 것이라고 말했다.

중대장님은 이때까지의 삶 속에서 그냥 평범히 아이들이 커가는 모습만 보았으며 큰 행복을 느끼지 못했다는 말을 하시는 것 같았다. 10년 넘게 군 생활을 해서 돈은 많이 모았지만 1억 2000만원이라던 집값이 몇 년 사이에 2배로 오르는 것을 보고 돈의 무가치함을 느끼신 듯하다.

월 300만 원에 설이나 추석 같은 명절에 400만 원 정도까지 나오는 직업이 어디 흔하랴? 또한 안정적인 직업이다. 총망 받는 중대원들에게도 존경 받는 중대장이었는데 말이다. 하지만 사람 일과 속은 모르는 법. 설마 '진급 누락으로 전역 하시는 건 아닐까?' 라는 어처구니없는 의구심을 가져본다.

　중대장님은 자신이 추구하는 행복과 우리에게 피해야 할 것들을 알려주셨다. 우선 중대장님은 기독교인이셨다. 기독교인으로서 선교사들과 남을 위해 봉사하며 살아가는 사람들의 모습을 봤을 때 그들이 가진 것은 많지 않지만 하루하루를 웃으며 즐겁게 생활하고 있다고 생각하고 계셨다. 그 일을 하시겠다는 건지 아닌지 알 수 없었지만, 그러한 사람들을 동경하고 있었던 것은 분명하게 느낄 수 있었다.

　행복이란 사람들의 생김새가 모두 다르듯이 모두 다른 것 같다. 후반기 통신교육을 받으며 교관이 우리에게 물은 적이 있다. 과연 웰빙이 무엇이고 행복이 무엇인가? 유기농 야채와 각종 몸에 좋은 음식들을 먹고, 운동하며 몸 건강히 사는 것이 행복이고 웰빙이냐고 모두에게 물은 적이 있다. 몇몇 애들은 그렇다고 대답하기도 했다. 다른 대답을 하기 귀찮아서였을까? 아니면 진심으로 그렇게 생각하고 있었던 것일까? 나는 이렇게 대답했다. 행복은 자신이 추구하는 가치에 따라 다른 것이라고, 그냥 그렇게 말이 나왔다. 돈을 모으는 것을 좋아하는 사람은 먹는 것과 입을 것 등을 아껴가며 돈을 모아 그것을 기쁘게 생각할 것이고, 돈 쓰는 것을 좋아하는 사람은 그렇게 생활하며 기쁨을 느끼는 것이 아닌가? 기쁨을 느끼고 하고자 하는 것을 하며 사는 것. 그것이 웰빙이라 생각된다.

　중대장님이 살아오시며 피해야 한다고 느끼신 것들은 ① 여자, ② 돈, ③ 명예 등이었다. 처음에는 별로 이해가 되지 않았지만 중대장님은 사례를 이야기하시며 말씀을 하셨다.

　중대장님 식구들 모두는 중대장님의 전역을 축하할까? 내가 자대에 전입 와서 중대장님과의 면담자리에서는 여자친구와의 관계도 잘 유지하라는 말씀도 덧붙여주셨다. 하지만 오늘은 아니었다. 모두들 헤어지라고 말해주고 싶다는 말씀을 하셨다.

결혼 후의 부인은 여자가 아니라고 하셨다. 연애시절의 가슴 두근거리는 여자는 아니고, 삶을 함께 하는, 인생의 달콤함과 쓴맛을 함께 보는 '동반자' 라는 표현을 하셨다. 그리고서는 우리들 모두를 어린애 취급하시면서 아직 연애를 하기에는 어리고, 지금 사귀는 여자가 있다 하더라도 오래 못 갈 것이고, 군에 있는 동안 관계를 유지하기 더욱 힘들고, 삶에 동반자는 전역 후 찾아도 늦지 않으므로 상처만 될 뿐이므로 빨리 헤어지는 것이 낫다고 하셨다.

또 명예는 한순간이라며, 자신이 진정으로 하고 싶은 일이 무엇인지 행복을 느낄 수 있는 것이 무엇인지 군복무 기간 동안 찾으라고 하셨다. 예로 진급이 잘되지 않아 중령에서 전역한 사람이 있다고 하셨다. 그 사람이 전역 후 다시 얼굴을 본 곳은 아파트 주차장 근처, 경비를 하고 있었던 것이다. 이 사람은 삶을 잘 살았다고 볼 수 있을까? 자신의 젊음과 인생을 나라에 바쳤다고 해도 과언이 아닐 정도로 오랜 시간 군에 몸담았던 이 사람을. 그 후 마지막 부분에는 경비 아저씨가 되어버린 이 사람을. 중대장님은 이 사람을 보며 명예도 덧없다는 것을 느껴버리신 듯 보였다. 하지만 이 사람의 삶이 과연 불명예스러운 삶이고 명예가 떨어져 버린 삶일까? 다른 편으로 보았을 땐 아닐 수도 있다고 본다. 육군 중령이면 대대장급이고, 비록 한때지만 수백 명의 대장이었고, 아버지로써 존경 받을 만하고, 나라에 희생, 봉사하는 삶. 국민들의 자유와 평안을 군복무 기간 동안 지켰다는 자부심 또한 가질 수 있을 텐데 말이다. 또한 그 정도까지 오래 생활했다면 죽을 때까지 연금이 나올 것이고 경비 아저씨가 된 건 나라만 지켰으니 사회 나와서 할 것도 없고, 할 수 있는 것도 많이 없으니, 소일거리를 찾아 일을 한다고 생각할 수 있는 것 아닌가? 시간이 지나면 지날수록 젊었을 때 다른 일들을 못해 본 것에 대해 아쉬워 할 수도 있겠지만 말이다.

마지막으로 정신교육에 대한 이야기를 간략히 정리해주셨다. 정신교육 시간에는 주로 대적관 확립을 시켜주려고 한다. 그 다음이 나라사랑. 군복무에 대한 자부심 고취. 이런 것들을 주로 한다. 하지만 '교육의도와 병사들의 생각은 일치하지 않는 것 같다' 라는 것을 중대장님으로부터 알게 되었다. '우리의 적' 은 누구인가? 라는 설문조사 결과는 이러했다.

① 간부, ② 미국, ③ 일본, ④ 북한, ⑤ 개인적 감정 있는 선·후임.

정말 놀라웠다. 어떻게 이런 일이 있을 수가 있다는 말인가. 내가 이때까지 군대에서 배운 것을 토대로 순위를 매겨보자면 적어도 ④, ⑤, ①, ③, ② 이 정도는 될 것이다. 하지만 나의 생각도 언제 바뀔지는 정확히 모르겠다. 서서히 중대장님께서 말씀하신 결과와 비슷해질지도 그건 모른다. 그래도 이건 좀 아니라는 생각이 들었다.

훈련소에서 도대체 무엇을 배웠다는 말인가? 지겹도록 하는 훈련소 정신교육은 귀에 못이 박히도록 북한은 우리의 적이라고 말해주고 '안보관' 이라는 것을 훈련병들 모두 암기시키는데 말이다. 저 설문이 진실이고, 대부분의 병사가 저렇게 생각한다면 과연 우리나라는 어떤 적과 싸워 이길 수 있을까? 적어도 북한군과 싸워서 이길 수는 없을 것 같다.

저런 생각을 가지고 있는 사람들의 생각은 정말 좁은 것 같다. 진정으로 이 나라의 평화를 위협하고 공산주의 체제의 적화통일만을 생각하는 북한 정권을 무시하고, 간부를 적으로 생각한다는 것은 자신만의 짧은 생각이고, 그릇된 생각이다. 하긴 나도 어쩔 때에는 간부들이 쉬지도 못하게 작업 시킬 때에는 싫은 느낌이 들 때가 종종 있다. 그래도 북한과 일본 만큼이나 적처럼 느껴본 적은 없는 듯한데. 남을 위해 희생하기 싫어하고 자신만을 생각하는 이기주의적인 생각이 우리 국방력까지 저하시키고 있다.

첫 외박

생각이 짧았던 한 이등병과 선임들에 의해 '단전술'이라는 큰 훈련을 성공적으로 마치고도 외박이 통제되었고, 기대도 안했는데 며칠 전에 외박을 나갈 수 있게 되었다는 말을 듣고 얼마나 기뻤는지 모른다. 20, 21, 22 삼일동안 밤에만 경계근무를 들어갔기에 제대로 수면을 취할 수 없었다. 그런데 23일에는 밤에 근무를 서지 않아서 9시간을 계속 잘 수 있었다. 오랜만에 너무 많은 잠을 자서였는지 일어났더니 허리가 아팠다.

외박 나가는 날, 토요일 아침임에도 꽤나 분주했다. 이유는 타중대와 축구시합이 있었기 때문이다. 몇몇 선임들은 자신들은 축구하느라 응원하느라 고생할 것이 뻔하고 놀러나가는 외박자들에게 심술이라도 부리려는 듯 이것저것 시키기 시작했다.

난 건조장에 널어져 있는 축구 유니폼을 더럽다는 이유로 다시 빨라는 명을 받았는데, 나도 모르게 시킨 선임이 내무실을 나가자마자 '씨…' 라고 해버렸다. 그 모습을 다른 선임이 봐서 또 된통 혼이 났다. 결국 시간이 지나 빨래를 다시 빨지는 않았지만, 그리 가볍지 않은 마음으로 부대를 나오게 되었다.

위병소 안과 밖은 고작 몇 m차이가 날까? 위병소 안과 밖의 공기가 달랐다. 이러한 느낌을 또 언제나 느낄 수 있으려나. 다음 외박 때에도 이런 느낌이려나? 밖에 나오니까 안에서 있었던 일들을 제법 많이 잊을 수 있었다. 가족들과 짧은 시간이지만 함께 할 수 있고, 여자친구도 만날 수 있다는 생각에 가슴마저 벅차올랐다. 위병소 앞 버스 정류장에서 버스를 타고 집으로 갈수도 있었지만, 선임들이 택시를 타고 가려는 것 같아서 함께 가기 위해 따라갔다. 12명이 나와서 나를 제외하고는 모두 택시를 탔다. 이제 정말 가벼운 마음으로 정류장으로 사뿐사뿐 뛰어가는 나의 발걸음은 정말 가벼웠다. 버스 종점이 우리 아파트 입구이기 때문에 별 신경 쓰지 않은 채 바깥구경을 했다. 영외로 훈련도 몇 번 나가고, 파견도 나가서인지 부대 앞과 근처는 눈에 많이 익었다.

드디어 종점. 버스기사 아저씨께서 말씀해주시기 전까지는 난 종점인지도 몰랐다. 버스에서 내리기 전까지는 잘 몰랐는데 버스에서 내리고서야 어디인지 감이 왔다. 아파트 입구를 들어서서 집에 가는데 어린아이들이 "군인 아저씨다"라고 했다. 처음에는 정말 어색하고 화도 났는데, 이제는 그렇지 않다. 그 꼬마 아이들이 중학생이 되고, 고등학생이 되면 난 30을 넘길 텐데 그때가 되면 나 이상으로도 아저씨가 아니던가? 집에 도착하니 어머니와 동생이 반겨주었다. A급 전투복이라서 안 빨아도 될 줄 알았는데, 어머니께서는 냄새가 난다고 하시며 빨라고 하셨다. 새하얀 속옷으로 갈아입고 컴퓨터를 하는 도중 아버지로부터 연락이 왔다. 내가 도착할 때를 알고 계셨는지 밝은 목소리였다.

별 특별히 할 것도 없고 해서 자주 가는 인터넷 사이트와 학교 홈페이지를 둘러봤다. 뭐 특별히 변한 건 없었다. 두리번두리번 할 일을 찾자 어머니께서 마늘을 까라고 하셨다. 군대에 와서 크게 느낀 것 중 하나가 있다면 부모님께 효도해야겠다는 생각이 많이 들었다는 것이다.

입대 전에는 부족하지 않은 생활 때문에 이것저것 많은 소모품들을 소중하게 여기지 않았는데, 보급품도 한정되어 있고, 사람이 하루하루 살아가면서 필요한 것들이 한두 가지가 아닌 것을 알면서 나를 이때까지 키워주셨을 때에는 엄청난 정성과 힘이 필요했을 것을 생각하면 효도는 필수라는 것을 느끼게 되었다.

지난 100일 휴가 때에도 마찬가지였지만 집에 오면 소화시킬 시간이 부족하다. 이유는 항상 먹기만 하기 때문이다. 난 군대 밥을 먹지 않고 집에서 어머니께서 해주시는 음식만 먹는 것만으로도 배가 부르고 좋은데, 꼭 고기 반찬과 값비싼 음식만 먹게 하셔서 날 부담스럽게 하신다.

집안 재정도 넉넉하지 않으면서 무리를 하시는 것 같다. 그게 부모의 마음인 것은 알겠지만 말이다.

오늘의 저녁 메뉴는 삼겹살에 소주. 오랜만에 먹는 고기였는데 그리 낯설지가 않았다. 다른 전우들은 부대에서는 고기가 구워서 나오지 않으니까 밖에 나오게 되면 불에 구운 고기를 많이 먹고 좋아라 한다고 하는데 난 그렇지 않다. 고기보다는 야채를 좋아하고 특별히 가리는 음식이 있지 않아 그런 것 같다.

군인이 되고서는 질보다 양을 중시하는 성향이 더 커진 것도 한 이유라면 이유다. 얼굴이 붉어져 집에 들어와서는 쉽게 잠을 이룰 수가 없었다. 부대 밖을 나오면서부터는 달려가는 시간을 너무나도 멈추고 싶은데 그게 잘 안 된다. 한시라도 뭔가 해야 될 것 같고, 그냥 잠을 자기엔 시간이 매우 아깝다. 내일 여자친구를 만날 생각에도 쉬이 잠이 들 수 없어 부대에 복귀 후 연락할 만한 사람들의 연락처를 수첩에 적기 시작했다. 입대 전 수첩에 적어놓은 사람들의 연락처는 100명이 훌쩍 넘는 수였는데, 막상 내가 연락하면 '좋아라' 할 사람들을 골라 수첩에 적어보니 10명 남짓한 숫

자였다.

친구들이 대부분 군복무를 하고 있기 때문이라는 것도 이유이겠지만, 사람과 사람의 관계가 이렇게 유지하기 힘들다는 것을 느끼게 된다. 하긴 100일 휴가 때에 다니던 교회에 나갔을 때엔 3개월이 좀 지났다고 다들 서먹해 하는 분위기였는데, 이제 뭐 익숙하다.

진정으로 진심으로 마음을 나눴던 이들을 제외하고는 몇 명 없다. 수첩에 적힌 이름을 보며 지나간 추억들을 생각하고 있다 보니 어느덧 시간이 2시를 가리키고 있었다. 그제야 난 잠을 청할 수 있었다.

어제는 가족들과 함께 했다면 오늘은 여자친구와 함께 하는 것이 나을 것 같아 어제 저녁에서나 연락을 했다. 어디서 몇 시에 만날까 고민했는데 여자친구가 가족들과의 시간이 조금이라도 더 길어야 할 것이 아니냐며 우리 집 근처로 오겠다고 했다. 기특한 것, 거절하고 싶은 생각이 별로 들지 않아 그렇게 하자고 했다.

아침 10시에 만나기로 했는데 잠을 늦게 자서인지 일어나 보니 8시가 넘은 시간이라 TV잠깐 보고 아침을 먹으니까 나갈 시간이 되어 있었다. 난 전화를 해서 여자친구를 찾았는데 눈에 보이지 않아 다시 전화를 했다.

난 위에 있었는데 여자친구는 아래쪽에 있었단다. 이리저리 찾다 뒤를 돌아보니 위에서 키 작은 아가씨 하나가 뒤뚱뒤뚱 뛰어오고 있었다. 그녀는 정말 언제 만나도 날 기쁘게 해주는 사람이다. 날 보고 그렇게 해맑게 웃으며 즐거워하는 사람은 어머니를 제외하고는 흔하지 않을 것으로 생각된다.

나 때문에 행복해지는 사람이 있다는 것에 나 또한 행복하고 즐겁다. 동그란 얼굴에 통통한 몸매, 작은 키, 헤어스타일까지도 오랜만에 본 얼굴이 변한 게 하나 없다. 훈련소에 있을 때에 그녀가 보내준 편지 안에는 어렸을 때 사진과 최근에 찍은 사진이 한 장씩 들어 있었다. 정말 변하지 않았다. 자신도 외모처럼 마음도 변하지 않을 거라 했다. 훈련소에 이 친구가 보여준 편지 한통 한통이 진정으로 큰 힘이 되었던 것이 기억난다.

입대 이틀 전에 이곳으로 이사 왔기 때문에 집 근처에 있는 번화가를 구경하기 위해 약속장소를 잡았는지도 모른다. 둘 다 걷는 것을 좋아하기에 번화가 주위를 배회하면서 그동안 못 나누었던 이야기보따리를 풀기 시작했다.

이것저것 학교 이야기부터 주변 친구들 이야기까지. 아직 이른 시간이어서 인지 대부분의 음식점은 영업을 하지 않고 있었고, 우리 둘은 가까운 서점으로 향했다. 필요한 책이나 한권 사주려고 했는데, 그것보다 우리 둘은 오래된 책들을 보며 이건 읽었는데, '앗 저것도 읽었네' 하면서 서로 읽었던 책들을 자랑이라도 하듯 시간을 보냈다. 내가 살아오면서 읽은 책은 얼마 안 되는 줄 알았는데 많은 책들 중에 찾아보니 은근히 여럿 눈에 익는 책들이 보여 뭔가 마음에 들어 있는 듯함을 느꼈다. 서점 주위를 둘러보다 보니 어디서 많이 본 듯한 사람이 눈에 보여 자세히 들여다보니 한비야 씨였다. 사인회를 10월 16일에 여기서 한다는 것이었다. 물론 난 올 수 없겠지만, 한비야씨를 좋아하는 내 동생에게 알려주면 좋아할 것이라 생각하고 알려줬는데, 그때가 시험기간이라 아쉽지만 못 온다고 했다.

서점에서는 소리 내 대화도 못하고 해서 밖으로 일른 나와 버렸다. 볼 것도 먹을 것도 별로 없었다. 오늘 유난히도 많이 띄었던 군인들을 보며 전통 찻집이나 가려 했는데 쉽게 눈에 띄지 않아 번화가를 한 바퀴 더 도는 순간, 여자친구가 가르킨 그들은….

설마 설마 했는데, 나와 함께 외박을 나온 우리 내무의 선임, 동기, 후임과 만나게 되었다. 배고파서 라면 먹으러 간다며 나에게 부럽다는 눈치와 매정하다는 눈치를 함께 보내는 듯 했다. 어제 일은 정말 미안했지만 어쩔 수 없었다고 말해주고 싶었지만 옆에 있는 여자친구를 생각해서 최대한 빨리 이들과 헤어지는 편이 상책이라 생각하고 말수를 최대한 줄였다.

어제는 목포에서 올라온 사촌동생도 함께 자야 했기 때문에 우리 식구만 있을 때와 달랐다. 어제 저녁 전시장에서 구경을 마치고 집에 오는 길에 후임에게서 전화가 왔다. "김봉주 일병님! 오늘 저녁 어떡하실 겁니까?" "뭘 어떡하나?" "지금 역 앞 PC방에 있는데 같이 밥이라도 먹어야 하는 것 아닙니까?" 난 딱 잘라서 거부를 했다. 셋 다 집이 멀기 때문에 외박을 나오면 집에 갈수 없기 때문에 먹는 것과 자는 것을 모두 돈으로 해결해야 한다. 그렇기 때문에 내가 그들과 함께 저녁식사를 하게 되면 분명 술을 마시게 될 것이고, 그 후 우리 집에 가게 되는 것은 불을 보듯 뻔한 일이었기 때문이었다.

부대 복귀 후 후임은 나에게 이렇게 말했다. "김봉주 일병님 안 나오시는 게 나았습니다. 술값 물리려고 선임들이 불러내라고 한 거였습니다." 돈 문제도 그렇지만 내가 처한 상황이 그렇지 않은가. 미안한 마음이 들긴 했지만, 다음 외박을 기약해야 했다.

그들과 헤어진 후 패스트푸드점으로 발길을 옮겼다. 기분이 썩 좋지는 않았다. 서로 함께한 이야기 중 다음번 외박에서는 이 근처에서 만나지 말자에 서로 크게 동의했다. 점심 먹을 시간이 되었는데도 배가 고프지 않았다. 한참 고민을 하다 과일 샐러드 파는 곳에 가기로 해 그곳에서 점심을 해결했다. 소화가 잘 안 된다.

어느덧 헤어질 시간. 함께 지하철을 타고 내가 먼저 내렸다. 아쉬웠지만 그럴 수밖에 없었다. '다음에 또 나올게' 집에 도착했을 때에는 복귀 준비를 할 수밖에 없었다. 낮에 그들과 만나지 않았다면 집에서 저녁식사를 하고 5시 30분 정도에나 여유롭게 출발하면 되는 것이었는데 선임이 저녁을 같이 먹고 들어가자고 했기 때문에 안타깝지만 어쩔 수 없었다.

가족들과 잠시 동안의 이별을 고하며 다시 군복을 입고 복장점검을 하고 집을 나섰다. 역에 도착하여 선임들과 만난 후 일식집에 들어갔다. 돈까스를 시켜먹는데 오늘 하루 종일 소화가 안 되었다는 나의 말이 무색해질 정도로 왜 이리도 잘 들어가는지 군복은 정말 신기하다. 아주 급속히 빨리 나의 속을 편안히 해주었다.

군인이 내 적성에 맞는 직업이라는 소리인가? 아닐 것이다. 군복을 입게 되면 왠지 나도 모르게 긴장을 하게 되기 때문이라 말하고 싶다. 오른편 가슴에 붙어 있는 내 이름의 무게도 그렇지만 거리를 지나다 보면 시선이 집중되는 군인은 민간인들에게 믿음을 줄 수 있어야 한다고 생각하기 때문에 한시라도 긴장을 늦출 수 없기 때문이라고.

부대에 복귀 신고를 전화로 먼저하고 복귀를 했다. 많이 힘들지는 않았다. 여기서 나는 1년 반을 더 살아야 하는 내 집이니까. 그렇게 1박 2일의 첫 외박은 해가 지듯 서서히 끝을 보였다.

정식 파견

귀여운 멍멍이와도 한 컷

중대 내 분위기는 좋지 않다. 소원수리의 여파가 아직 남아 있고, 계속되는 신병 전입으로 중대는 혼란스럽기 그지없다. 신병이 전입하게 되면 중대의 규칙들과 선임들을 대할 때의 예절을 잘 모르기 때문에 선임들에게 실수를 할 때마다 왜 신병들에게 교육을 안 시키냐고 일병들에게 불똥이 튀게 된다.

빨리 도피하고 싶던 터에 잘됐다. 얼마 전에 지원파견을 잠깐씩 간 적이 있었는데 파견지에 오게 되면 시간적 여유가 있어 독서도 할 수 있고 이처럼 일기를 쓸 수 있는 시간도 있기 때문에 좋을 수밖에 없다.

군 생활을 하면서 느낀 것들을 몇 가지 털어놓고 싶다. 군인도 사람인지라 틈이 날 때마다 타인과의 의사소통을 하고 싶어 하고 입대 전 생활과 전역 후에는 무엇을 할 것인지에 자주 이야기 하곤 한다. 이야기는 이렇게 시작한다고 해도 이야기 중간에 여자 이야기가 나오면 그 이야기의 끝은 여자 이야기로 끝을 맺곤 하지만 말이다. 뿐만 아니라 여자 이야기에서 끝나는 것이 아니고 평범한 교제에서부터 성관계에 이르기까지 낯 뜨겁기까지 하다.

 파견지에는 시간의 중대보다 여유롭기 때문에 선·후임 간에 이야기할 시간이 많기에 좀 더 친해질 수 있을지는 모르겠지만, 누구는 몇 명이랑 잤고, 몇 번이나 해봤다는 이야기를 들으면 지저분하다는 생각을 갖곤 한다. 그런 대화에 끼고 싶지는 않다.

 또한 자신이 전역해서 뭐가 될 것이고, 무엇을 하겠다는 생각보다는 돈만 벌면 장땡이라는 생각들로만 가득 차 있는 사람이 꽤 많다. 대부분이라고 말하지 않은 이유는 나 자신이 100여 명이나 되는 중대원들과 모두 친한 것도 아니고, 한 달이면 몇 명이 나가고 들어오는 상황에서 지레짐작하지는 않기 때문이다.

 OO는 다른 여러 사람과의 성관계를 아무렇지 않게 생각하며 아무런 죄의식을 느끼는 것 같지 않았으며 심지어는 외박 나가서도 성매매를 하려는 생각을 가지고 있었다. 올바른 성관계가 아닌 단지 육체의 정욕으로만 만족하려는 이런 부류들과 오래 대화를 하다보면 '그렇게 하지 않는 내가 이상한 사람인가' 라는 생각을 할 때도 있다. 시간이 좀 지나 회상해보면 '이건 아니다' 라고 생각을 하곤 한다. 이들과 정말 함께 하고 싶지 않다.

 이들이 진정 대한민국의 청년들이고 이런 청년들이 많다면 대한민국은 병들어 있음에 분명하다. 위에서 사람을 '부류' 라고 분류해 좀 안 좋게 생각 할 수도 있겠지만, 나로서는 그렇게 표현할 만큼의 충격이었고, 해악이었다. 이런 사람들과 적어도 일 년 이상씩 함께 먹고 자고 생활한다는 자체가 날 힘들게 했다. 변화가 있기를 기도하며 소원해본다.

 2년이란 세월도 길다면 길고, 짧다면 짧다라는 말에 동의한다. 하지만 군대에서의 하루와 입대전의 하루가 달랐다는 것은 모두 동의 할 것이다. 입대 전에도 난 하루를 반성할 수 있고 되돌아 볼 수 있는 또 지금 이 순간을 기억할 수 있는 기록을 남긴다는 장점을 가지고 있는 일기를 종종 쓰곤

했다. 입대 전에 일기를 쓰다보면 '오늘도 하루가 이렇게 흘러가버렸네, 별로 한 것도 없이 내일은 좀 더 뜻 깊은 하루를 보내야겠다. 시간은 왜 이리도 빠른 걸까…' 이러한 생각을 했었다.

하지만 입대 후에는 하루가 길 때도 있고 짧을 때도 있지만 대부분은 '오늘도 이렇게 하루가 갔군. 하하' 하루일과를 마치고 얻은 것이 많지 않았을 때 아쉬워했던 입대전과 별로 얻은 것이 없어도 하루가 흘러갔다는 기쁨을 즐기는 입대 후와는 상반된다고 볼 수 있다. 군에 와서 특히 이제 갓 일병이 된 내가 독서를 할 수 있다는 것은 진정 행운 중에 행운이다. 중학교 졸업할 때까지 책과 거리를 두며 지내다가 고등학교에 입학해서야 독서 중요성을 깨닫고, 틈틈이 독서를 하게 된 나는 독서를 하는 시간엔 시간이 흐르는 줄을 모른다. 내가 좋아하는 독서를 하기 때문에 시간이 빨리 간다고 느끼고 있지만, 독서에 취미가 없는 선임은 하루가 일주일처럼 길다고 한다. 심지어는 이렇게 하루하루를 보내다 보면 자살충동 느낄 것 같다고, 차라리 다른 선임들에게 욕먹으면서 지내더라도 중대에 가고 싶다는 이야기까지 한다. 나와는 전혀 다른 생각을 가진 선임이다.

군대에서 가장 크게 하나 배울 것은 참는 것이다. 나는 하루하루 지내면서 '참을 인' 인내를 느끼고, 가슴에 새기며 참고, 참고, 또 참는다. 선임들은 후임의 작은 실수 하나가 자신에게 조금이라도 피해가 갔다면 잡아먹으려고까지 하는 것 같다.

예를 들어 여러 파견지가 있다. A라는 파견지에 내가 전화를 해야 하는데 실수로 전화번호를 잘못 보고 눌러서 B라는 파견지에 전화를 했다면 난 죄송하다고 말을 했음에도 불구하고 자신의 입과 속은 더러워지는 줄 모르고, 자신의 나쁜 습관이 자신은 모르게 상대방에게 적지 않은 상처를 주고 있다는 것을 모르고 "이 개새끼는 확 사지를 찢어버릴까 보다"며 쌍소리를 한다.

후임은 단지 군 입대를 몇 개월 늦게 했다는 이유만으로 상처를 입게 되고, 선임의 분풀이의 대상이 되는 것이다. 군대가 시간이 지나도 없어지지 않는 것이 있다면 선임들의 구타를 포함한 가혹행위, 폭언, 욕설일 것이다.

중대원이 100명가량 되는 가운데 어찌 이것들이 없어질까? 소원수리로 간부들이 상, 병장 들을 옭아매어 버리면 해결될 것이라 생각할 수도 있겠지만, 그때뿐이라고 생각한다.

어떤 선임은 이렇게 말하곤 했다. "어디 티 안 나게 애새끼들 괴롭히는 방법 없을까? 짜증나서 군 생활 못해먹겠어" 뭐 이정도면 더 무슨 말이 필요 있겠는가? 장난 식으로 하는 말 같았지만 가볍지 않게 들리는 말이었다.

이제 선임들의 갈굼 거리를 이렇게 기록하는 것도 지겨울 정도다. 대놓고 후임들의 실수나 잘못을 잡으려고 눈에 불을 켜고 다닌다. 이유를 듣자하니 군기 확립 및 나중에는 추억거리가 된다는 어처구니없는 이유를 댄다. 또한 자신들도 윗선임들에게 그렇게 욕을 먹고 편하지 않게 지내왔기 때문에 후임들에게도 편하게 해줄 수 없다는 것이다. 그러면서도 "나 때는 안 그랬는데." "내가 이등병 때 저런 행동하다 걸리면 쳐 맞았어." 이런 말을 한다.

과연 나도 상병, 병장이 되면 변해버릴까? 나는 이 기록을 진정 솔직히 하려 한다. 흔히 "너도 짬(군대 밥)먹으면 똑같이 된다."라고 말하는데, 나도 그렇게 될까? 궁금하다. 그렇게 된다면 그때에 솔직히 '나도 나의 윗선임들과 다르지 않았다' 쓰레기 같은 선임 병장이 되었다고 최대한 솔직히 기록할 것이다.

정말 오랜만에 교회를 갔다. 때마침 다른 교회 찬양단 위문공연을 온 날이었다. 기뻤다. 부천의 대동 교회라는 곳이었는데, 찬양단 연령층이 40대가 주를 이뤘다. 그중 몇몇 젊은 청년들도 보았는데, 우리나이 또래였다. 그들을 보며 문득 든 생각이 '나도 저런 예쁜 옷들을 입고 싶다' 는 것이었다. 그들이 특별히 예쁘게 차려 입고 나온 것도 아니고, 그냥 보통 젊은 이들이 입고 다니는 평범한 의상이었음에도 불구하고 내 눈에 예쁘게 보였던 이유는 찬양단의 평균 연령층보다 젊었다는 이유도 있었겠지만 나도 입고 싶어서였던 듯하다. 똑같은 옷만 계속 입고 생활한지 어느덧 7개월 남짓. 다른 옷을 입고 싶어 할 마음이 생길 만도 하다.

고려대 경영학과에 다니다 왔고, 취미가 주식이라는데 그가 군복을 입지 않고 사회인이었다면 이런 느낌이었을까? 고려대를 다니건 서울대를 다니건 이등병의 모습이란, 잔뜩 기가 죽어 두려움에 떨고 있는 어딘가가 어설픈 모습뿐이다. 나도 그랬을 테지, 군대는 이런 곳이다. 단숨에 사람을 변화시키는 변할 수밖에 없는 곳.

오늘 하루도 별일 없이 그냥 그렇게 지나갔다. 독서 삼매경에 빠져 있다가 저녁근무에 들어갔다. 복귀하는 중에 달빛에 내 몸이 비쳐져 바닥에 그림자가 형성되는 것을 볼 수 있었다. 나홀에 한 번 저녁근무를 들어가는데, 이때까지 내가 못 느낀 것 같지는 않은데, 참으로 신기했다. 막사로 복귀 중에도 너무나 신기해서 앞을 보고 걸었던 시간보다 달을 보고 걸은 시간이 더 길었던 듯싶다. 음력 9월 13일, 완전한 보름달도 아니었다. 나도 모르게 시선이 자꾸 하늘을 향해갔다. 어떻게 저렇게 달빛이 밝을 수 있을까. 궁금해지는 것이 있었다. 달에 관해서 매일 떠 있는 달에 대해 아는 것이 하나도 없었던 내 자신이 부끄럽게 느껴지기도 했지만 한편으로 지금의 여유가 가져다준 선물이라는 생각에 기쁜 마음도 들었다. 달에서 빛은 어떻게 날까?

웃긴 선임, 어린 선임

 쓰레기 짓, 파견지 인원 네 명중 침상을 닦는 청소시간에는 항상 세 명이 있다. 왜냐면 한명은 근무지에 있기 때문에 내가 서열 세 번째이다. 내 윗 선임이 "우리 가위 바위 보해서 진 사람이 걸레질 하자."고 한다. 그러면서 자신은 쏙 빠지고 나랑 내 후임만 가위 바위 보를 시키며 "공평하지?"라고 묻는다. 어처구니없었지만 그렇다고 대답하는 것이 선임의 심기를 건드리지 않는 것이기 때문에 그렇다고 대답 후 가위 바위 보를 했다.
 내가 다음 저 위치가 되어서 파견을 온다면 저 선임과는 달리 나도 함께 가위 바위 보를 할 테다. 내가 생각하는 쓰레기 짓. 차라리 처음부터 자신이 하기 싫으면 누구를 지목해서 시키든지 막내가 하라고 하던지. 자신은 짬이 위니까 빠지고, 우리끼리 시키는 건 좀 아니라고 본다.
 또 자신이 먹은 우유를 자신이 씻어 버리기 귀찮다고 해서 바로 옆 자리의 후임에게 "가끔 내 관물대 봐서 쓰레기 있으면 좀 치워줘라." 부탁하는 선임. 먹은 우유팩을 자신의 관물대에 던져 놓는다.
 왜 이리도 우리 선임들은 웃기는지, 파견 초기에는 서열 두 번째 선임이 첫 번째 선임과 힘을 합쳐 나와 막내를 갈구며 실수나 잘못을 하면 왕 선임한테 말해서 이중으로 욕을 먹게 하던 때가 엊그제 같은데, 며칠 전부터는 왕 선임의 뭐가 마음에 안 들었는지, 나와 내후임에게 왕 선임 욕을 하며 우리를 왕 선임으로부터 이간질 시키려 한다. 두 번째 선임이 좀 더 한심하긴 하지만 내가 보기엔 둘 다 똑같아 보인다.

남자가 줏대가 없이 자신 기분에 맞춰 간에 붙었다, 쓸개에 붙었다 한다. 또 언제 왕 선임한테 가서 우리들의 잘못을 일러바치려고 하는지 알 수 없는 일이다.

내 선임들은 왜 그런지 모르겠다. 자신들이 뭐가 되는 듯하게 행동하는 게 참 어이가 없다. 내가 어떤 선임에게 이와 비슷한 일을 말한 적이 있었다. 자신의 개인적으로 해야 하는 세부적인 일까지 너무 많이 시키고, 어이없는 심부름 등을 시켜서 이건 좀 잘못된 것 같다고 말을 하니 겪어보지 않았을 때에는 오히려 나를 나무라며 "짬 먹으면 그렇게 할 수 있지 뭐." 그랬다가 자신도 그러한 일을 겪어보더니, "그 사람 정말 좀 아닌 것 같다."라며 이야기를 바꿔한다.

예를 들면 자신이 지금 필요 없는 물건을 나에게 쓰라고 준다. 혹은 버리라고, 내가 쓸모 있다고 생각되면 가지고 있는데, 며칠 후 나도 모르게 그 물건이 없어졌다. 물건을 줬던 선임이 다시 필요하다고 가져간 것이었다. 나에게 한마디 상의도 없이, 내 관물대를 뒤져 엉망으로 만들어놓고 정리도 하지 않았다. 어느 날 관물대 정리에 쓸모 있게 생긴 상자를 받았었다. 그 속에 이것저것 볼펜과 같은 잡다한 것들을 넣어 두었는데 관물대가 엉망이 되어있는 것이었다.

주위 후임들에게 물어봤더니 '○○ 병장님이 가져갔습니다' 라고 말하는 것이었다. 이렇게 부당하고 짜증스러운 일을 겪고도 아무 말 못한다. 선임이니까. 어쩔 때는 자신이 뻔히 잘못하거나 불이익을 가도록 후임에게 시킨 후에는 "억울하면 짬 먹어." 그런다. 너무 화가 나서 말대꾸라도 하는 날에는 개긴다고 할 게 뻔하고 이미지는 더욱 나빠질 게 뻔하기 때문에 엄두를 내지 못한다.

파견지에 온 초반에는 나를 제외하고는 거의 대부분 돈이 없었다. 그래서 선임들은 뭐 좀 사달라고 대놓고 그랬다. 그때마다 나는 말을 돌리고 딴청을 피우면서 넘어갔는데, 나의 기분을 엄청 상하게 하는 일이 터져서 말해보려 한다.

파견지에 라디오가 있었다. 마침 건전지의 약이 없었던 것이다. 돈이 없는 선임들은 나에게 건전지를 산다며 2,000원만 달라고 했는데 난 천 원짜리 두 장이 없어서 오천 원짜리를 주고 같이 가는 후임에게 남은 돈 꼭 가져오라고 말을 전했다. 불길한 예감은 들었지만 설마 했는데 얼마 후 현실이 되었다. 남은 돈으로 과자와 음료수를 사온 것이었다.

남은 돈은 달랑 천 몇 백원. 나에게 건네려는 선임에게 다음 달 월급타면 갚아달라고 말을 했다. 나에게 잔돈을 건네주는 선임을 보며 어처구니 없다는 표정을 보였더니 파견지 오면 다 쏘는 거란다. 절대 돈을 안 쓰겠다는 그런 말 한 적도 없었는데 내 돈을 허락도 없이 자기 마음대로 써버린 것이었다. 돈의 액수를 떠나 너무나도 불쾌했다. 역시나 그 선임도 미안하다는 소리는커녕 월급날에도 돈을 갚지 않았고, 난 또 화를 삭였다. 그냥 엿 사먹었다는 생각으로 엿 먹어라 하고 넘겨버렸다.

나도 처음엔 그들을 축복했다. '하나님, 저들을 축복해 주세요. 저들의 생각이 저와 같게 하시고, 저들이 변화되어 부대가 변하게 하시고, 모두들 군 생활을 사고 없이 잘 마치게 하시고, 또한 60만 군대 장병들의 건강과 그들의 가정에서 걱정하고 계실 부모님과 가족들을 축복해주세요.' 라고 기도했다.

이 기도가 나를 위한 기도이기도 했지만, 그들을 위하기도 한 기도였다.

하지만 이 기도는 그리 오래가지 못했다. "내가 해야 할 일을 다 못할 때에는 너의 위치를 모르거든 교회에 나가지 마라."라는 교회통제와 나의 마음이 편안히 쉴 수 있는 시간도 주지 않고 내가 숨고 싶은 작은 구멍도 남겨두지 않은 그들에게 이러한 기도는 오래 지속될 수 없었다.

이렇게 변하는 내 모습이 올바르지 않은 줄도 알고 있지만 내 그릇이 이것밖에 안 되는 것 같다고 치부해 버린다. 속으로 화를 삭이며, 나도 욕을 한다. 이런 피폐함이 지금은 많이 없어졌다. 그들을 위해 기도하려면 나도 쉴 수 있는 시간적 여유가 필요하다는 것을 느꼈다.

지금, 이곳은

1년간 함께 했던 소대장의 전역 기념사진

    애국가를 부르는 모두의 입속에서 새하얀 입김이 같은 방향으로 뻗어나 함께 같이 살아가고 있음을 증명해주는 듯하다. 그리고 보면 어느 부대건 부대 안에서는 사계절이 있는 한반도에도 봄과 가을은 사라져 버린 듯하다. 오후에만 파란 하늘과 참 따스한 햇살이 지금 세상에는 가을이 왔다라고 살며시 알려주고 있을 뿐, 아침과 늦은 오후부터는 속옷 깊숙이 찬 공기를 느낄 수 있다. 오늘 같이 맑은 날에는 줄곧 이런 생각을 한다.

    내가 지금 있는 이곳이 '군대가 아니라 자연과 함께 숨 쉴 수 있는 세상'이라면 분명 숨 막히는 일상에 찌들려 있던 일주일 혹은 여러 날의 피로를 잠시 잊으려 찾는 휴양지일 것이라고. 군인이라는 생각을 잠시라도 잊을 수 있는 시간이다. 난 지금 모포와 침낭, 매트리스만을 일광 건조시키는 것이 아니라 나 자신도 햇빛의 영양을 온몸으로 받고 있다. 햇볕을 받으며 하는 독서는 정말 꿈같다. 이러한 나의 행동과 생각은 주위 사람들과 어울리지 않게 되는 것 같다. 그냥 이러는 게 더 좋다. 책은 나의 마음을 위로해주는 친구와도 같다.

세상과의 인사를 하는 듯하고, 애인관계의 지혜를 주기도 한다. 특별히 목표를 두고, 얻으려는, 모르고 있었던 것을 아는 것도 좋지만, 그 외 신경 쓰지 않고 있었던 사실을 알게 되었을 때의 희열은 내 몸에 비타민과 같다.

요즘 뉴스에는 중국에서 수입된 기생충 김치와 유럽에서 발생한 조류 독감이야기가 주를 이루고 있다. 바쁜 시대에 살고 있는 주부들에게 충격이 아닐 수 없다. 식구들의 건강을 지켜야 하는 엄마들이 김치를 사려고 하겠는가? 주부들이 직접 김장을 해서 먹겠다는 이유로 인해 배추 값은 폭등했다.

또한 세계보건복지기구에서 날계란과 설익은 계란도 위험하다며 뉴스에서 떠들어대고 있다. 그런 이유에서 약국에서는 회충약을 없어서 못 파는 현상까지 벌어지고 있고 매스컴에서는 또다시 건강에 대한 이야기가 많아지고 있다. 군에 납품되는 김치는 중국산일까, 아닐까? 궁금하지만, 이런 일이 세상에 떠들썩하게 퍼진 이 마당에 솔직히 김치에 손이 잘 안 가게 된 것이 사실이다. 민간인들도 마찬가지이고, 군인도 똑같다.

그리고 닭고기 요리는 왜 이리도 많이 나오는지 조류독감이 퍼지고 있다는 소식이 들리기가 무섭게 식단표대로 식단이 안 나오고 닭고기 요리로 바뀌어 나오는 경우가 종종 늘어갔다. 곰탕 대신에 백숙, 닭고기튀김, 닭볶음탕 등등…. 그래도 찝찝한 마음이 들긴 하지만, 살기 위해 어쩔 수 없이 닭요리는 먹어야만 했다. 닭요리는 그 끼니의 주 메뉴이기 때문이다. 김치에만 밥을 먹을 수는 없지 않은가? 그래도 닭고기는 맛있어서 좋다. 특히 다리부분은 다른 부위보다 쫄깃한 맛이 나서 맛있게 먹고 있다. 닭고기는 영양가도 많고, 소화도 잘되니 별로 흠 잡을 것 없는 음식 같다. 매스컴에서 조류독감이라고 떠들지만 않는다면, 괜히 기분이 찝찝한 것만 제외하면 더욱 괜찮을 텐데 말이다.

TV를 보다보면 수없이 많은 CF를 보게 된다. 라면 CF중 한 CF에 대해 이야기해 보고 싶다. 군인이 나온다. 그 군인은 휴가를 나왔는지, 외박을 나왔는지 알 수 없다. 집에 오자마자 라면을 아주 맛있게 먹는다. 집에서 가장 맛있는 음식이 그 라면뿐인지는 모르겠지만, 같은 군인으로 그 모습을 봤을 때에는 이해가 되지 않는다.

군인은 경계근무를 선다. 특히 야간에 근무를 서게 되면 고픈 배를 채우기 위해 마땅히 먹을 음식이 없기 때문에 주로 라면을 먹게 된다. 즉 부대에 있을 때에 라면은 지겹도록 먹는다는 것이다. 물론 어머니께서 직접 삶아주신 라면의 맛과 물만 부어먹는 컵라면의 맛이 어떻게 똑같을 수가 있느냐만은, 그래도 라면은 라면이다. 화학조미료에 긴 밀가루 면발의 음식.

CF의 주인공을 잘못 택한 것 같다. 나 같은 경우는 휴가 혹은 외박에 나가면 절대 라면을 입에 대지도 않는다. 늘 먹는 것이 라면인데 밖에서까지 먹기 싫다. 라면으로 CF를 만들자면 바쁜 일상 속에서 짧은 시간에 간편히 끼니를 해결할 수 있는 장점을 좀 더 부각시켜서 만들면 좀 더 많은 대중이 공감할 수 있지 않나 싶다.

물론 맛있게 먹는 장면을 넣어야 CF를 보며 사람들의 입맛을 자극할 수 있겠지만 군인은 아무리 생각해도 같은 군인으로서 공감대형성이 안 된다.

나의 미래는 밝다

마지막 파견지에서 멋진 배경과 함께

　오늘 장비 설치를 하기 위해 선임 1명과 운전병 후임 1명, 선탑자로 소대장님이 오셨다. 오늘은 많은 이야기도 듣고 그에 따라 느낀 것도 많은 하루였다. 내가 벌써 이곳 파견지에 온지 1달 반이 다 되어간다.
　그동안 중대에서는 후반기 체육대회와 전투검열훈련, 진지 보수공사가 시행되었다. 그중 포상이 많이 걸려 있는 체육대회 이야기를 후임에게 많이 전해 듣게 되었다. 이 없으면 잇몸으로 산다고 운동선수처럼 운동을 잘했던 많은 선임들이 전역을 했음에도 불구하고 우승팀과 아주 근소한 차이로 전체 준우승을 했단다. 그래서 꽤 많은 사람들이 포상을 받았다고 한다.
　게다가 이 이야기를 전해주고 있는 후임 녀석이 피부도 좋아진 듯하고 얼굴에도 웃음꽃이 핀 것이 이놈도 4박 5일 포상 한 장을 챙겼다고 한다. 사촌이 땅을 사면 배가 아프다 했는가. 내 선임도 아닌 후임들이 포상을 많이 받았다는 말에 왜 그리 샘이 나는지.
　내가 파견오기 전에 힘들었던 훈련 때에는 짬 안 되는(소위 일, 이병을 일컬음) 애들에게 포상 휴가를 줄 생각도 하지 않았는데, 체육대회로 인해 너무 많은 애들이 받았다는 것이다. 지휘관을 원망해야 하는 것인가? 힘든 훈련을 마치고 체육대회를 뒤로 한 채 파견지에 있는 병사들은 어쩌라는 것이냐는 말이다.

하지만 이렇게 탓할 필요는 없다. 분대를 바꾸어가면서 까지 파견을 오겠다고 한 건 나였다. 분명 곧 있을 체육대회를 예감했었고, 쏟아질 포상도 예상 했었지만, 포상을 받을 수 있을지 확실치 않았고 2개월 이상 좀 더 편하게 군 생활을 해보고자 이곳에 온 것이었다.

중대가 힘든 것은 분명한데 나에게 이야기를 전하고 있는 이 후임 놈의 얼굴이 너무 하얗다. 햇볕을 얼마나 안 받았으면 이리도 하얗게 변할 수가 있나? 전입할 당시만 해도 까무잡잡했던 놈인데.

아니다. 마음을 고쳐먹자. 분명 힘들게 뛴 훈련이었을 테고, 응원도 힘들었을 체육대회도 쉽지 만은 않았을 테지. 그리고 난 여기서 평소에 못 읽었던 많은 양의 책을 읽을 수가 있어. 포상을 못나가는 대신 내 머리 속에 하나라도 더 넣어 가는 거다. 물론 가족들과 함께 하는 시간이 즐겁고 행복하긴 하겠지만 포상 나가면 뭐해? 돈쓰고 그냥 좀 놀다오는 짓이지 뭐. 잠깐일 거야. 2년이라는 시간 속에 한순간 즐거이 지내는 것보다, 독서를 통해 나의 견문을 넓힐 수 있는 나의 병영일기를 위한 시간이 많은 파견을 선택한 것은 잘못 택한 길이 아니었다.

이렇게 자위를 하고 있다. 진정 이 길이 옳은 선택인 것이라는 것을 알지만, 인간의 욕심은 끝이 없음을 느끼며 쯧쯧, 혀를 한번 찬다. 오늘 장비 설치 때문에 오전에 일행이 왔었는데 점심시간이 늦도록 통신망 개통을 보지 못해 점심을 굶게 되었다.

나라에 봉사하는 마당에 몸 상태만은 나빠 전역하기 싫은 내 신조 상 불쾌하기 그지없는 일이었다. 사회 있을 때에도 건강을 제일 우선순위로 둔 나였으니까. 어쩌다가 한 끼 굶는 것이 무슨 이상이라도 있으랴 만은 끼니가 되어도 몸에 밥이 공급 안 되면 스트레스를 받고, 속도 쓰려서 너무 싫다. 지난번에도 이런 적이 한 번 있었는데, 내겐 다른 어떤 일보다 마음에 걸리는 일이다.

　모두 군인들이었지만 오늘 편지를 세통이나 받아 기분이 풀렸다. 두통을 중대에서 가져와 준 것이고, 한통은 이곳에서 직접 전해주었다. 세월은 참 빠른 것 같다. 대학 1학년 때 먼저 군대 다녀오겠다고 떠난 녀석이 이번 달에 전역이란다. 역시 매번 생각해도 지나온 날들은 빠르게 느껴지는 듯하다. 오늘이 지나고 내일이 되면 어제 있었던 일 중 1/2만 기억하게 되고 또 하루가 지나면 그제 있었던 일을 1/4밖에 기억 못하게 되는, 그래서 갈수록 예전의 일들을 기억할 수 없다는 동생의 말이 맞는 것 같다.

　과연 전역을 앞둔 고등학교 동창 친구는 지금 무슨 생각을 하고 있으며 2년 동안 과연 느낀 것이 무엇일까? 참으로 궁금하다. 지나온 세월 순간순간을 잊지 않기 위해 잊지 않고 추억으로 남기고 싶어서 지금도 손이 아프게 펜을 놀리고 있는 나는 해가 두 번 바뀌고 전역 일을 앞에 두게 되었을 때 어떤 생각을 가지고 있을까? 그래도 다른 이들보다 다를 것이라고 믿는다. 최소한 나는 지금 2년여 간의 체험을 기록하고 있으니까. 그리고 선생님이 되겠다는 목표를 확고히 세웠으니까. 또 목표라는 것이 언제 변할지 모르겠지만 현재에는 확고하다. 지금 나의 목표와 파견지와는 참으로 어울린다. 바로 이거야. 내 목표는 잠의 편안함과 즐거움을 위한 것이 아니라 미래를 보는 것. 그러므로 나의 미래는 밝다. 모두 2007년 기대하시라.

　수요일도 아닌 목요일에 오후에 근무자를 제외한 대대 전인원이 모여 체육활동을 했다. 내심 축구를 하고 싶긴 했지만, 인원수에 밀려 배드민턴을 치게 되었다. 오랜만에 제대로 하는 운동이었다. 온몸이 후끈 달아올라 땀이 났고, 선임들과의 보이지 않는 승부욕을 불태울 수 있는 기회도 되었다.

역시 배드민턴은 국민 스포츠였다. 누구나 손쉽고 즐겁게 할 수 있는 놀이고, 운동임에 틀림없다. 공을 치기 위해 높이뛰기도 하고 공이 내려오는 속도를 예측하여 쳐야 하기 때문에 여러모로 재미있고 운동효과도 만점이다. 배드민턴을 계속 치기엔 옆에서 기다리는 사람들의 눈초리가 느껴져 어느 정도 후 줄넘기를 했다. 줄넘기의 운동효과도 예전부터 잘 알고 있었고, 즐기기도 했는데, 솔직히 흥미로운 건 배드민턴을 따라 갈수 없었다.

요즘에는 장기를 꽤 자주 두는 편이다. 내 실력이 그리 쓸모없는 편이 아니기에 파견지에서는 나의 적수가 없다. 선임들이 거의 매일 나에게 장기두기를 요구한다. 나도 이기는 건 좋아하기 때문에 그리 싫지는 않다. 게다가 예전 동기들처럼 잘하는 선임들도 없기 때문에 살 떨리는 집중력도 필요 없다. 몇 판을 두었을까? 곧 저녁식사 시간이 되어 식당으로 올라갔다.

오늘의 저녁식사는 평소와는 아주 많이 달랐다. 삼겹살 파티가 있었기 때문에 좀 이른 시간에 식사를 시작했다. 웬일인지 궁금했는데, 대대장님께서 얼마 후에 다른 곳으로 전출을 가신다고 해서 마련한 자리였다. 파티에는 약간의 술도 더해졌는데, 모든 병사들이 기뻐하며 흥분을 감추지 못했다. 식탁위에는 맥주뿐이었는데 어디서 구했는지 소주도 간혹 보였다. 꼬리는 밟히라고 있는 법인가? 빈 소주병을 간부가 보고야 말았다. 빈 소주병과 가장 가까이에 있던 병사를 추궁하던 간부. 그 병사는 소주를 안 먹었다고 했는데, 유난히 붉어졌던 얼굴이 간부를 더욱 의심하게 만든 것 같았다. 화가 난 간부가 혼을 내고 있는 도중 말년병장이 끼어들었다. 다른 애들 잘못한 것 없이 자신이 잘못한 거라며 병장의 멋진 모습을 한껏 보여주고 있었다.

간부는 화를 참지 못해 추궁하던 병사를 밖으로 나오라고 했고, 멋쟁이 병장은 급히 무언가를 찾았는데, 그게 바로 담배였다. 밖에서 무슨 일이 있었는지 알 수 없었지만, 밖에 나갔다 들어온 간부의 모습에서 아까보다 한층 차분해진 모습을 느낄 수 있었다. 자세히는 모르겠지만 애연가들에게는 담배가 화를 다스리는 '약' 같은 존재일까? 라고도 생각했다. 정말로 그렇다면 담배에서도 정신적 긴장과 스트레스를 풀어주는 큰 장점을 하나 발견하게 된 것이다. 이 일에도 공헌을 했다면 그 병장에게 박수를 보내고 싶다.

예전에도 이 병장에게 고마웠던 일이 있었다. 내가 반찬을 받는 모습을 보고, 누가 이렇게 배식을 인색하게 하냐며 배식하는 병사의 주걱, 국자, 연장을 빼앗아 나에게 좀 더 주는 것이었다. 이 곳 병사들이 배식하는 대로 먹어야 하는 우리 파견병들에게는 반찬을 조금 받아도 불평하기가 쉽지 않고, 사이가 안 좋아지면 안 되기 때문에, 다른 병사들보다 상대적으로 좀 덜 받더라도 그냥 넘어가기 일쑤였다. 그런 나에게 살을 찌워준 것이었다. 멋진 병사다. 나도 병장이 되면 꼭 이 사람처럼 하고 싶다.

아랫사람을 먼저 생각하고, 자신이 좀 더 피해 보더라도 위험을 감수하고 나서서 말할 수 있는 멋진 육군 병장 말이다. 이 병사는 소주 먹기를 선동했다는 이유로 체력단련(?)을 받는다고 했는데, 그 후로 어찌되었는지는 모르겠다. 곧 전역하는 이 병사의 앞날이 축복이 있길 희망한다.

오늘 나는 저녁근무다. 다른 특이사항은 없었는데, 새벽 3시 30분 정도에 한통의 전화가 걸려왔다. 썩 반갑지 않은 목소리였다. 밤 근무를 마치고 나서 쓸데없이 파견지에 전화를 한 것 같았다. 전화를 하자마자 잤냐고 묻는다. 그래서 난 안 잤다고 했다. 거짓말하지 말라면서 계속 추궁하며 묻는다. 계속 안 잤다고 했다. 자신보다 더 편한 파견지에 있는 것을 그냥 두고 보기는 싫은 것 같았다. '나는 중대에서 진지 보수공사며 힘들게 생활하는데, 너희는 편하니까 좋냐?' 라는 식이다. 꼭 그렇게 후임들에게 욕을 하고 못살게 갈궈야 직성이 풀리는지.

도무지 알 수가 없는 쓰레기류의 인간이다. 이렇게 속으로 욕하는 나도 딱하지만, 꼭 자신의 입을 더럽히며 타인의 심기를 자극하는 그놈은 더욱 더 딱한 놈이다. 쯧쯧.

요즘 날씨가 무척 추워졌다. 많은 활동량이 있는 것도 아니고, 날씨도 서늘하기 때문에 매일하던 샤워도 일주일에 2번 정도로 줄였다. 그렇게 줄인 샤워도 하기 싫을 만큼 목욕탕의 물은 차기만하다. 처음에 물을 끼얹을 때에도 몸이 얼 정도로 차갑지만 사람이란 무릇 적응하는 동물인가. 몇 번 끼얹다보면 할 만하다. 샤워를 하는 동안 내 몸은 얼마나 뜨거운가를 느꼈다.

머리끝에서부터 발끝까지 물이 내려올 동안, 차디찼던 물은 발끝에 와서는 뜨거워진다. 발끝에 와서 뜨거워진 물을 다시 쓰고 싶지만, 흘러가 버린 물을 다시 올릴 수는 없는 법. 계속 물을 부어도 발끝에서 만큼은 따스한 느낌이 좋다. 이런 느낌이 내가 진정 살아 있다고 느끼는 것이 아닐까? 하루하루 반복되는 삶을 살다보면 '내가 이게 뭐하는 짓인가?' '참 무료하고, 지루하다' 고 느낄 때가 많은데, 정신 빠짝 드는 냉수목욕으로 '냉수를 온수로 바꾸는 능력을 가진 내 몸을 느껴보는 것이 어떨까' 라는 생각을 해본다. 앞으로도 냉수 목욕은 즐거울 것 같다.

"억울하면 군대 빨리 오지 그랬어?" 이 말을 오늘 또 들었다. 오늘은 즐거운 토요일. 내무실에서 개인정비를 하고 있는 상태였다. 평소 장난 끼가 많은 내 선임은 또 가만히 있는 나를 건드렸다. 그것도 아주 기분 나쁘게.
내가 간지럼을 많이 타는 것을 알고 변태 같은 새끼가 간지럼을 태운다. 옆구리와 배 부분을 손가락으로 쓸어내린다. 그렇게 되면 난 움찔하게 되고, 스트레스를 받게 되는 것이다. 참다못한 내가 선임에게 한마디 말을 했다.

"제발 그만 좀 하실 수 없습니까?" 난 도저히 참다못해 내뱉은 말이었는데, 선임은 어처구니가 없다는 표정으로 미친 것 아니냐고 했다. 그러면서 하나같이 자신도 다른 선임들에게 많이 당했다며 억울하면 군대 빨리 오지 그랬냐는 말을 한다.

어이가 없었지만 한 번 더 대꾸를 했다가는 일이 벌어질 것 같아서 참았다. 군대니까. 난 후임이니까…. 게다가 선임한테 대들지 말라고 잔소리까지 한다. 후임들에게 자신의 잘못은 모른 체 그러면 되나? 게다가 예전부터 이런 점이 눈에 거슬렸다고는 말까지 덧붙인다. 휴~ 나도 한참동안 선임의 말에 동의하는 대답만 연발한 후 침묵을 지켰다. 한참을 지났을까?

점호 시작 몇 분 전에 여자친구 이야기를 한다. 오늘 전화했냐고, 안 했다고 하니까. 꼭 헤어지지 말고 결혼까지 가라고 그런다. 분위기를 바꾸려고 하는 걸 보니 속으로 나에게 미안한 마음은 있었나 보다. 난 또 마음에 없는 맞장구를 치며 한 가지 말씀드릴 게 있다고 했다. "○○일병님은 다 좋은데 간지럼 태우는 장난만 안 하셨으면 합니다."라고 말하니, 장난 식으로 "앞으로 계속 더해주겠다."라고 말한다. 지켜봐야겠지만, 다른 선임들에게 소문이나 안냈으면 좋겠다. 괜히 이상하게 소문나면 내막을 모르는 선임들이 좋아할 일이 있겠는가?

12월이라는 것을 알리고 겨울이라는 것을 알리는 눈다운 눈이 왔다. 어제 저녁부터 내리던 눈이 새벽까지 한참 내린 것 같다. 꽤 많이 쌓였다. 군인들은 제설작업을 해야 하기 때문에 눈을 싫어한다. 특히 평일도 아닌 오늘 같은 주말엔 더욱이 싫다. 하지만 아직 난 모르겠다. 아침에 근무가 있어서 제설작업은 열외 되었다. 근무자가 아닌 인원들은 열심히 눈을 치우고 있는데, 그 모습이 짜증나 보이지는 않는다. 오히려 좀 신기해하는 눈치다. 내 눈이 그렇게 보여서 그런가? 하룻밤 사이에 내린 눈은 저 멀리 보이는 산도 흰색 옷을 입혔다. 올 겨울엔 눈이 많이 올까?

군대에서는 스스로 알아서 해야 할 일들이 많다. 그렇기 때문에 사회에 있을 때에 경험하지 못한 것들을 경험 할 수가 있는 것이 큰 장점으로 작용한다. 나도 이제 일병인데, 야전상의에 줄이 없었다. 1년 차이 나는 군대에서 말하는 아버지 군번에게 바라는 것도 염치없고, 이번 기회에 옷을 한 번도 다려보지 않기에 경험삼아 한 번 다려보는 것도 좋을 것 같아 다리미에 손을 댔다.

입대 전 아버지께서 주말 하루 종일 옷을 다리시는 것을 봐왔는데, 힘들기도 할 것 같았고, 시간도 많이 투자되는 일로만 그렇게 생각했었다. 다리미질을 모두 끝마치시고 나와 내 동생의 옷들을 옷걸이에 가지런히 걸어 꾸부정한 허리를 펴시며 안방을 나오셨던 기억도 새록새록 난다.

다른 옷들은 다려져 있기도 했고, 예전부터 군복을 입고 멋을 낼 생각은 없었기에 추운 겨울 가장 겉에 있는 옷만을 다려보기로 했다.

예상대로 시간이 많이 소비되었다. 옷 다리는 법을 잘 몰랐기에 선임에게 몇 가지 방법을 전수 받은 후 옷을 다렸다. 자로 간격을 맞추고, 초크가 없어 샤프로 표시를 한 후 분무기로 물을 뿌리고 옷을 다렸다. 대략 옷 한 벌 다리는데 걸리는 시간 1시간 30여 분, 허리도 뻐근하고, 시간이 너무 빨리 지나가서 아까웠다.

옷을 다려보니 처음 하는 일이라 그런지 흥미로웠다. 무엇이든 처음 한다는 것은 어설프긴 해도 흥미롭다. 게다가 옷을 다린 결과물이 생각보다 괜찮았기 때문에 더 그랬다. 내 후임도 처음인 듯 많이 어설퍼 보였다. 다음번에는 좀 더 잘 다릴 수 있을까?

파견지 생활을 마치며

나를 잘 따랐던 착한 후임과도 한 컷

6월 7일에 전입 와서 9월 29일에 파견지로 이제 내일이면 다시 중대로 간다. 정말 오랜 기간 복귀일이 미뤄져 왔다. 분명 내가 이곳에 있는 동안 중대에서는 바빴던 일들이 많았을 터. 별로 느끼고 싶지도 않았지만 그곳과 내가 멀리 떨어져 있어 난 느끼지 못했다.

군에 들어와서 못했던 일들을 파견지에서 많이 했다는 것에 대해 너무 기쁘다. 책도 여러 권 읽고, 영어단어도 은근히 외우며 여유로운 군 생활을 했던 것 같다. 파견지 생활도 어언 3개월. 다시 오고 싶다는 생각이 내 머릿속을 떠나지 않는다. 다시 올 수 있을까? 올 수 있을 거라 믿어 본다. 이제 다시 새로운 마음으로 마음가짐을 할 때이다. 내가 이곳에 있을 동안 얼굴 모르고 이름도 모르는 많은 후임들이 들어왔겠지, 그들과도 분명 얼굴 붉히는 일들이 수없이 생길 텐데 힘이 되는 선임이 되고 싶다. 물론 나 혼자 잘해서 되는 것도 아니긴 하지만 좀 즐겁게 군 생활을 하고 싶은데 쉽게 되지 않는다.

편지도 여러 번 쓰고 선임도, 후임도 많이 없으니 편했지. 이제 고생하러 가는 거다. 다시 난 이등병으로 되돌아간다. 이런 마음가짐이면 충분하다. 한동안 많이 편했다. 내일 많은 눈이 새벽에 내린다는 소식이 있는데, 꼭 그렇게 되었으면 좋겠다. 하루라도 이곳에 더 있고 싶다.

혹한기 훈련

혹한기 훈련 중 침낭에서

아침에 위병소 밖을 나간다는 생각에 설레는 마음으로 가벼운 발걸음으로 행군을 시작했다. 위병소 밖을 나가도 통제 속에서 행군하지만, 지나가는 길에는 고등학교도 있고, 눈도 많이 와 있어서 보는 즐거움도 함께 했다. 유격 때에는 단독 군장을 한 상태에서 행군을 했는데, 혹한기 행군에는 완전 군장으로 행군을 하기 때문에 유격 행군 때보다는 훨씬 더 힘들었다. 훈련소 때도 완전군장을 한 상태에서 야간행군을 한 적이 있었는데, 오랜만에 무거운 짐을 지고 행군을 하니 진정 행군 같은 행군을 한 것 같았다.

언제든 행군도 중 만나게 되는 민간인들의 보는 시각은 가지각색이다. 그냥 모른 척하고 지나가는 사람, "군인이다", 혹은 "군인 아저씨다"라며 관심을 표하는 사람, 그중 단연 일등을 꼽자면 학생들의 반응이다.

자신들도 2~3년 후면 국방의 의무 때문에 많은 고민을 하고 한숨도 날 텐데 지금은 남의 일인 양 뜨거운 함성만 보낸다.

후반기 교육을 받으러 버스를 타고 갈 때에는 어떤 노인이 자식들을 감옥에 보내는 것처럼 손으로 무릎까지 쳐가면서 서럽게 우시면서 나와 내 동기들을 쳐다보는 것이었다. 세상에는 너무 많은 사람들이 있고, 그만큼 똑같은 일에도 각자 다른 반응을 보이는 것 같다.

점심 먹을 시간까지 4번 정도 10분씩 쉬었다. 쉬는 시간에는 초콜릿도 나눠 먹으며 힘을 냈고, 기다리던 점심시간의 식사는 다른 날과는 다른 맛을 느낄 수 있었다. 나 자신은 생각한다. '이렇게 먹는데 배가 안 나올 수 있을까?

행군 복귀 때는 갈 때와 마찬가지로 같은 길을 걸었기에 출발할 때보다 흥미는 덜 했다. 돌아오는 길에 생각되었던 것은 이 길을 앞으로 두 번이나 더 걸어야 한다는 생각. 좀 더 힘들더라도 새로운 길을 거닐고 싶은 마음이 큰데 같은 길을 간다는 것에 흥미가 덜해 그게 싫었다.

행군 복귀. 위병소 안에 들어올 때도 별로 힘들다는 생각은 안했다. 단지 양쪽 어깨가 좀 아플 뿐. 행군을 앞둔 인원들의 박수갈채를 받으며 막사로 복귀했다. 훈련소 때 행군 복귀했을 때에는 새끼발가락에 물집도 잡히고 그랬는데, 이번 행군은 그런 것도 없었고, 별 느낌 없었다.

4박 5일의 영외 훈련. 분명 쉽지만은 않을 것이라 생각했다. 훈련을 끝마치고 난 지금. 후련하다는 느낌도 들고, 고생했다는 느낌도 가진다. 4박 5일간 훈련을 요약하자면 혹한의 추위와 비위생적인 생활이 가장 힘들었다고 말할 수 있다.

입춘도 지난 시기이고 해서 춥지 않을 줄 알았었는데 그게 아니었다. 생각했던 대로 산이었기 때문에 추웠고, 훈련도 쉽지만은 않았다.

첫 번째 날에는 숙영지 편성. 점심을 먹고 출발했기 때문에 숙영지를 편성하고, 배수로를 점검하는데 얼마 지나지 않아 해는 모습을 감추고 말았다. 첫 번째 날은 그렇게 지나갔다. 10시에 취침하고, 6시 30분에 기상. 야간 근무도 없었기에 말 그대로 full 취침. 첫날은 별로 안 추웠다. 아침에 일어나기도 그리 힘들지만은 않았고, 전투화도 얼어 있지 않았다.

두 번째 날. '이제부터 훈련은 시작이다' 라는 생각을 하며 훈련에 임했다. 자대에 있으면서도 주특기 훈련을 많이 했었는데, 그 훈련들과 별로 다르다는 생각을 안했다.

내 아래 후임들도 많아서 이제 제법 편하다. 반면에 눈에 보이지 않는 책임감의 무게는 더 무거워짐을 느낀다. 이 책임감을 느끼고 지게 된 계기가 저녁 훈련 때 생겨버렸다.

계속 반복적인 훈련. 달라지는 것은 없었다. 통신망 개통하라고 하면 하고, 철수하라고 하면 하고. 저녁에는 위장막이라는 것을 나를 중심으로 치려고 했는데 난 여기서 큰 실수를 했다. 위장막이란? 적의 시야로부터 아군의 차량을 보이지 않게 하는 말 그대로 위장을 시켜주는 막(천)이다. 훈련 차량 전체를 덮으려면 얼마나 큰 천이겠는가. 그 큰 천에도 앞, 뒤가 있는데 그 위치를 바로 내가 잘못 내린 것이다. 나 때문에 20명 정도가 다시 위장막을 내려서, 다시 접어서, 다시 펼쳤다. 대략 20분 정도 더 소요. 나에게 화를 내며 내 선임이 나섰다. 다른 건 몰라도 이번 일은 내가 백 번 잘못이다.

두 번째 날. 솔직히 잠자리에 들어서도 어제의 실수가 머릿속에서 떠나가질 않았다. 많은 후임들이 보는 앞이었기 때문에 부끄럽기도 했고, 군 생활을 한 지가 1년이 다 되어가는 내가 이 실수를 했다는 게, 안타깝기도 했다.

이렇게 오전, 오후, 저녁 훈련도 끝이 나고 텐트에서 잠을 청했다. 텐트를 칠 때 가장 밑바닥에 마른 낙엽을 깔고, 그 위에 모포를 깔고 텐트를 만드는 건 오랜 경험에서 나온다고 밖에 할 수 없는 요령이자 기술이었다. 그래도 텐트 안과 밖의 온도 차이는 크게 느낄 수 없었다. 텐트 윗부분에는 비닐, 그 위에는 우의를 덮는 것도 신기했다.

셋째 날. 교육훈련은 밤새도록 계속되었다. 오늘도 같은 훈련을 했다. 간부들의 지시에 따라 망 개통과 위장막 치고, 걷기. 다만 이날은 야간훈련도 모자라 아침에 해를 볼 때까지 계속되는 훈련이었다. 물론 하루가 지나는 12시 즈음에는 전투식량으로 허기를 달랬고, 훈련 하는 동안 배고프면 먹으라고 양갱과 초코바도 한 개씩 보급해 주었다. 철야훈련에는 나의 주특기 차량이 나가지 않기 때문에 주로 경계근무에 임해야 했다. 경계근무는 좁은 구역 내에서 자신이 맡은 구역을 경계해야 하기 때문에 그 구역을 이탈하는 행위를 할 수 없다. 그래서인지 앉았다, 일어 섰다도 반복하고 최대한 몸을 움직이려고 했는데 추위는 가시지 않았다. 차라리 말뚝을 박고 뛰어다니며 몸에 열을 내고, 하는 편이 나을 것 같다는 생각도 들었다.

훈련은 반복되며 계속되었다. 솔직히 빨리 하나 천천히 하나 그게 그거였다. 간부도 천천히 안전에 유의하면서 하라고 하고, 그랬기 때문에 나중에 가서는 시간 때우기가 자연스럽게 되어버렸다. 그래도 뜬눈으로 새벽을 맞는다는 것은 아무래도 쉽지 않았다. 내게는 너무 힘들게만 느껴졌다.

우리 중대 상병 중에는 그만한 대우를 못 받고 한마디로 후임들에게 무시당하며 군 생활을 하는 선임이 있다. 난 무턱대고 그 선임을 멸시하거나 하지는 않지만, 한심하다는 생각을 할 때는 간혹 있다. 내무 생활도 못하고, 주특기도 전혀 모른다.

사회에서 왕따를 당했던 사람들과 공통점이 많다고 해야 하나? 잘하는 것이 아무것도 없다. 심지어 체육활동이나 오락 활동까지도. 그렇다고 배우려는 의욕도 보이지 않는 것 같아 그런 선임들을 보고 있으면 한심하다는 생각이 들고, 그것보다 '나는 그런 사람이 되지 말아야지' 라는 생각이 많이 든다.

솔직히 군대에 있는 나의 모습과 군에 오기 전의 나의 모습은 확연히 차이가 난다. 의욕이 넘치는 나의 모습, 의욕이 부족한 나의 모습, 군인인 나의 모습은 후자 쪽에 가깝다. 그렇기 때문에 주특기도 썩 잘하는 편이 아니고, 내무생활도 그렇지만, 심하게 뒤로 처지는 그런 편은 아니다. 너무 잘하면 작업을 많이 하게 되니까 그렇게 하기는 싫고, 너무 못하면 말 그대로 쪽팔리니까 그냥 저냥 중간만 하는 거다. 그래도 나의 주특기는 좀 잘해야겠다는 생각이 들기도 한다. 지금은 부족한 주특기 공부를 하는 것이 맞을 수는 있을지 몰라도 선임들에게 욕을 먹으며, 눈치를 보며 한글자라도 영어단어와 한자를 익히는 내 모습을 내 선·후임들은 전역 후에 느낄 수 있을 거라 믿는다. 그래서 난 지금도 전역 후를 생각하며 준비한다.

익일 훈련은 끝이 났다. 단체생활에 통제란 빠질 수 없나보다. 밤을 새 훈련을 한 후에도 전체가 세족을 해야 한다는 소대장님의 명령을 들어야만 한다. 솔직한 마음 같아서는 세면, 세족이고 뭐고 빨리 눈을 붙이고 싶은데 말이다.

총기를 몸에 항상 휴대하는 것도 쉽지 않았다. 잠을 잘 때도 총을 껴안고 자라고 할 정도니 총기를 중요시 하는 군의 특성을 다시 한 번 느끼게 된 계기도 되었다. 총기 휴대가 귀찮아서라도 군인은 못할 것 같다. 내 몸에 다른 무언가 더 붙어있다는 것이 불편하다.

아침식사를 맛있게 하고서야 잠자리에 들 수 있었다. 시간은 아침 6시, 기상시간은 6시간 후인 12시. 일어나기 싫었지만 일어나 보니 생각보다 몸이 개운했다.

10시쯤 소변 때문에 잠을 설쳤다. 보통이면 참고 잤을 텐데 도저히 참을 수 없었다. 소변의 양도 평소의 1.5배쯤 되었을 거다. 텐트 안에서 나오는 것도 힘들지만 그것보다 더 힘든 건 침낭 안에서 나오는 거였다.

넷째 날 오후. 이날도 같은 훈련은 반복되었다. 야간 10시쯤에 끝나 취침을 11시에 했는데, 야간 불침번 근무가 있었다. 05:00~06:30 근무. 취침에 들어가자마자 언제 잠이 들었는지 모를 정도로 깊이 잠들었다.

04:50에 일어나 근무준비를 했다. 몹시 추운 가운데 근무를 섰다. 발은 동상에 걸릴 것처럼 차서 얼어버릴 듯했다. 하지만 다른 곳들은 괜찮았다. 이유는 핫팩(흔들면 공기와 마찰하여 열을 일으키는 주머니)이 있었기 때문이었다.

이번 훈련 간에 핫팩은 정말 큰 도움이 된 도구이다. 찬 침낭 안을 따뜻하게 데워주었고, 훈련 중에 얼어 있는 나의 몸을 녹여주었다. 게다가 지속시간도 약 15시간 정도로 길었기에 아주 유용했다.

불침번 근무를 서는 동안에 시간이 잘 안 간다고 느껴질까봐 나는 일부러 시계를 자주 보지 않았다. 1시간 30분여 동안 또 나만의 세상 속으로 들어갔다. 아니 들어가려고 노력했다. 첫 혹한기 훈련의 마지막 아침을 나 홀로 맞는 이 기분. 다른 것보다 추웠다. 5일 중 가장 추운 날씨였다.

5일 동안 훈련을 하며 느낀 게 많다. 상급자 간부들에게 보여주기 위한 훈련, 통신망 상태도 상태지만 주변정리와 겉모습을 보며 판단하는 윗분들. 경험이 없어 두려워하기도 했지만 평시 때 했던 주특기 훈련과 추위 속에서 한다는 것만 다를 뿐, 또 다른 것은 없었기에 전혀 그럴 필요가 없었다는 것. 추위에 강하지 않은 나를 느끼는 계기도 되었다.

공부가 이런 면에서는 할 만한 것 같기도 하다라는 생각을 했다. 공부가 하기 싫어도 해야 하는 고통도 힘들지만 육체적 고통도 꽤 참기 힘들다는 것을 느꼈다.

군대에 벌써 적응해버린 나의 모습을 버리고 싶다. 통제에 익숙하게 되고, 의욕이 넘치지 않는 나의 모습 말이다. 군대 물을 빨리 빼버리고 싶다.

5일 동안 하루도 빠지지 않고 안면 위장을 하고 물티슈로 지우고, 또 다시하고, 얼굴을 차게 하고 깨끗이 씻지도 못하고 로션도 못 바르다 보니 피부가 상한 듯싶다. 감기 기운이 있는 것처럼 얼굴에 열도 나는 것 같았는데, 알고 보니 얼굴 동상이었다. 훈련 인원 중 꽤 많은 인원이 얼굴에 홍조를 띄고 있었다.

내가 자대 막사를 보고 반가워 한 적이 있었나 모르겠다. 복귀 일에 막사를 보고 느낀 느낌이다. 처음인 것 같다 이런 느낌. 그만큼 훈련이 고되었다는 것을 내 몸이 먼저 말하고 있었다.

무사히 훈련을 마쳤고 행정보급관님의 훈련인원에 대한 배려로 full 취침해서 기뻤다. 이제 정기 휴가를 기다리며 다시 마음을 굳게 먹고 내무생활에 임해야겠다.

훈련동안 두통의 편지가 와 있었다. 하나는 여자친구에게, 또 다른 하나는 군인친구에게.

그 중 여자친구의 편지가 흥미롭다. 여자친구의 목소리가 나를 귀찮아 하는 것처럼 느껴진다고 전한 적이 있었는데, 그럼 편지로만 연락하자는 그녀의 말과 지금은 대화가 필요한 것 같다는 그녀의 말.

일병 생활의 기억

　일병 5개월째였다. 일병은 군 생활에 적응도 되었으니 일을 많이 해야 한다. 서열은 안 되고 적응은 되었으니 말이다. 게다가 갓 들어온 이등병들을 교육시켜야 한다. 신병들이 사고를 치면 내무실 분위기가 험악해지고, 그 험악한 분위기의 결말은 일병들에게 있다. 그래서 꽤 서럽다. 분풀이 할 때도 마땅히 없으니 말이다.
　우리는 훈련소 때에 육군도수 체조라는 것을 배우는데 난 후반기 교육 때에도 체조를 했기에 자대 와서는 곧잘 한 편이라 체조 때문에 혼나지는 않았던 것 같다.
　또한 예전부터 구보를 할 때 목소리를 크게 해야 한다고 익히 들었기 때문에 군가수첩을 보며 조금의 음만 기억나도 모두 외우려 애썼고, 훈련소 분대장들이나 동기들에게 물어가며 꽤 많은 군가들을 외웠었다.
　하지만 모두 나 같지는 않았던 것, 한 후임을 내 개인시간을 쪼개가며 주말에 2시간여 동안 가르쳐 보았다. 그 모습을 본 내 선임이 나보고 참 대단하다고 했고, 그렇게까지 가르쳐 주는데도 잘 모르는 후임도 대단하다고 했다. 일병은 그랬다. 자신의 시간을 빼앗기면서까지 후임들을 가르쳐야 했던 일병. 일 많이 하는 개미는 일병이고, 일 많이 하는 병사는 일병이 맞는 것 같다.

　남는 개인 정비 시간에 일병 주제에 공부한다고 선임들에게 통제 받고, 항상 펜과 수첩을 손에 놓지 않았던 나에게 '모든 기록을 모두 없애버리라' 고 말한 선임 때문에 마음고생하며 모든 기록들을 화장실에서 한장 한장 찢어 여자친구에게 보냈던 기억. 하지 말라고 하면 더 하고 싶어 하는 사람 마음처럼 내 의지와 열정이 가장 커, 이 책을 꼭 만들어야겠다고 다짐했던 시기도 일병 시절이 아니었나 싶다.

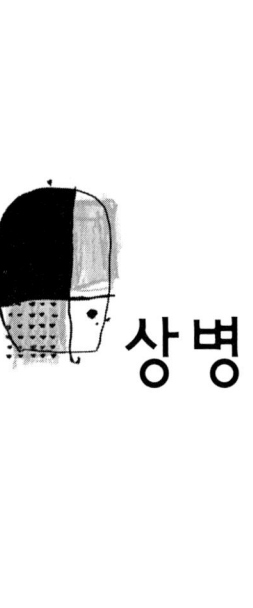 상병  #04

1차 정기 휴가

유격교관과 조교들의 매서운 눈빛

　언제 만나도 편하고 기쁜 유한공고 담임선생님과 절친한 친구를 만났다. 특히 오늘 만난 이 친구는 공익근무요원인데 내가 휴가 나왔다고 일부러 휴가를 낸 친구다. 휴가도 아무 때나 낼 수 있는 공익근무. 편히 국방의 의무를 하는 것 같다. 하루 전에 휴가를 신청하면 다음날 쓸 수도 있다.
　현역은 한 달 전 신청을 해야만 한다. 그것도 2년 동안 3번뿐인 정기 휴가를 하루하루 쓸 수 있는 것도 아니고, 휴가 신청 후에 한 달 동안 마음이 바뀌어 버릴 수도 있는데 그럴 수밖에 없다.
　너무 고마운 선생님과 친구였다. 바쁜 와중에도 시간을 내어 주셔서 점심을 사주신 선생님. 나 때문에 일부러 휴가를 내어 오후 내내 나의 말벗이 된 나의 친구.
　저녁에 또 다른 만남을 갖기 위해 중학교 친구들에게 연락을 했더니 바쁘다며 다음에 만나자고 한다. 보기 좋게 차인 꼴이다. 그것도 두 명에게. 오늘도 안 되고 내일도 안 된단다. 잠깐 얼굴 보는 것이 그렇게도 힘이든가? 그 두 친구에게 있었던 좋은 감정들이 사라져 간다. 또 한 친구는 오늘은 바쁘다고 하고, 내일은 좀 괜찮다고 했지만. 나와의 만남보다 나를 통해 뭘 얻어먹으려는 것이 괘씸했다. 다음에 다시 만날 수 있을지 모르겠다.

한 친구는 면제자이고, 한 친구는 상근예비역이라 반감은 더욱 크다. '군대를 갔다 온 친구였다면 그렇지 않았을 텐데' 라는 생각이 지배적이다.

하긴 나도 입대하기 전에는 군대 있었던 친구에게 편지가 와도 답장해주는 것을 잊거나 미루기 마련이었지만 말이다. 하지만 이틀이나 안 된다는 건 우애가 부족하다거나 좀 나에게 소홀한 것 아닌가. 내가 생각했던 그들과 그들이 나를 생각하는 우정의 크기가 달랐나보다. 안타깝다. 이 일을 통해 괜히 휴가를 나와서 '다른 사람들 속에 껴보려는 생각만 하는 것 아닌지…' 라는 생각을 했다. 남현아! 고마워.

여자친구가 수업이 없는 날이었다. 함께 여행가본 적도 없고 해서 이번휴가 때에는 함께 추억도 만들고자 바다구경이라도 하려고 했다. 하지만 휴가 나오기 전 생각과 나온 후 생각이 달라졌다. 그냥 솔직히 귀찮아졌다.

적극적이지 못한 그녀의 태도가 나의 마음에 틈을 만들었다. 모든 행동을 남자가 주도해야만 하는 것인가? 어딜 가자고 해도 "그래", 뭐 하자고 해도 "그래", 답답하다. '얘가 날 좋아하기는 하는 것인가?' 라는 의문도 들고, 의사표현을 잘 못하는 것이 정말 답답하다.

잘 못하는 건지 안 하는 건지. 확 끌리지 않는 마음이었지만, 바다는 아닌 북한강 남이섬으로 출발했다. 교통편을 이용하는 길에 지난날들을 생각하며 많은 이야기를 나누었다. 모르겠다. 심각한 이야기들을 나누었는데, 그 말들은 벌써 그녀에게 이별을 말하고 있었던 것이다. 어떻게든 재미있게 놀아보려고 했는데 잘되지 않았다. 괜히 바쁜 사람 불러내 시간 뺏는 것 같기도 하고, 나를 만나는 동안 오며 가며는 물론이고, 함께 놀며 사진 찍는 동안에도 그녀의 전화는 불이 날 지경이었다. 말을 하는 도중 크게 울리는 전화로 이야기의 흐름은 끊겼고, 방해되어 꺼버리라고 하고도 싶었지만, 그러면 안 되는 것이었다.
　사회에서 그녀가 맡고 있는 위치도 위치지만, 책임감 있고 일을 중요시하는 그녀를 나 자신도 원했던 것이다. 전화를 꺼버린다면 책임을 회피하는 것 밖에 안 되었는데, 나도 그걸 원했었는데 왜 그게 좋게 안 보이는지 모르겠다. 이런 것을 보면 내가 변한 건 확실한 것 같다. 아직 진정 사랑하는 사람을 만나지 못한 것이지, 자신의 일을 중시하고 잘하는 사람을 머리는 원하고 있었지만, 마음은 그게 아니었나보다.
　그래서 우린 헤어져야만 한다. 내가 변해버렸기 때문에…. 머리끝에서 발끝까지 모든 것이 사랑스러워 보여야 사랑이다. 그녀를 위해 모든 것을 버릴 수 있어야 사랑이다. 콩깍지가 쓰여야 된다고 했다. 이 말을 믿지는 않지만 믿어보려 노력 중이다. 머리로 하는 사랑은 사랑이 아니라는 것을 느꼈다. 겉모습을 보고 사랑하는 것도 사랑이 아니고, 그녀를 위해 부모와 자신을 버릴 수 없다면 그 사람과 오래갈 수 없다. 그나마 다행인 것은 그녀도 나를 그만큼 사랑하지는 않는 것 같아서이다. 아직 서로 많이 어리고 부모님의 마음이나 말씀을 거스를 수 없고, 그러기 힘들기 때문에 우린 헤어지는 편이 낫다.
　서로에게 해준 것도 많이 없고, 받은 것도 많이 없는 것 같다. 미안한 마음이 들지만, 어쩔 수 없다. 지금 헤어지는 것이 부족한 나의 마음에 위안이 되고, 조금이나마 덜 아픔이 되는 것이다. 정말 미안하다.
　1000만 관객을 모은 우리 영화 왕의 남자를 한번 보고 싶었다. 흥행을 해서인지 꽤 오랜 시간 상영 중이어서 극장에서 볼 수 있었다는 것이 행운이었다. 오랜만에 극장을 가서인지 극장 안에서 상영하는 곳을 찾는 데 좀 헤맸다. 하지만 편했다. 혼자여서 그런 것인가 역시 남 둘보다 혼자가 어울리는 놈인가 보다.
　'人' 서로 기대어 살라고 '사람 인' 자는 이렇게 생겼다는데 난 왜 이러는지 모르겠다. 기댈 언덕이 부실하면 어설프게 지어진 담벽처럼 무너지게 마련이다. 차라리 기대지 말고 내 자신을 튼실하게 하여 곧게 서는 게 편할 수도 있다.

약간 늦어 뛰어 들어갔는데 영화는 시작되고 있었다. 개봉한지 오래된 영화라 자리는 여유로웠다. 대충 잘 보일만한 곳으로 가서 재킷과 가방, 신문을 내려놓고 영화 관람을 시작했다. '괜찮네', 그냥 그 느낌이었다.

괜찮은 영화. 대작들에 비해 제작비도 많이 들지 않았고, 작품성과 배우들의 연기력이 뛰어났던 영화, 조선시대의 광대들의 삶을 풍자하고 주목한 영화. 오늘의 연예인들과 조선시대의 광대라는 것이 비슷한 것 같다.

오전에는 영화감상을 하고 오후에는 초등학교 동창 중 유일하게 연락을 하고 있는 친구를 만났다. 몸이 다른 친구들과 달리 좀 불편한 친구이다. 그런데도 불구하고 나를 만나 반가워 해주고 늦은 저녁까지 놀아준 친구였다. 감사한 마음을 갖는다. 중요한 건 이 친구네 가업이 중국음식점인데 새우깐풍기, 탕수육, 자장면 등을 먹었다는 것. 친구 부모님께서 오래전부터 하셨었는데 가게 규모나 위치를 보아하니 계속 번창하는 것 같아 좋아 보였다. 앞으로도 좋은 일만 가득했으면 좋겠다.

대학교 선배들과의 만남. 이때까지 이들과의 만남 중에 이날처럼 거북했던 적이 있었는지 모르겠다. 교회를 처음 다닌 것은 좀 오래된 일이지만, 한동안 다니지 않고 있다가 다시 다니게 된 계기를 만들어 준 선배를 만났다. 학교 선배였고, 학교 다닐 때부터 고마움을 많이 느낀 선배이고 해서 만나게 되었다. 편했다. 이번 휴가를 통해 만난 선배들처럼. 자신의 스케줄을 생각하기보다 나의 스케줄을 물어봐 준 선배의 마음에 또 한 번 감사하게 생각하며 이야기를 나누었다.

대화가 매끄러우려면 공통된 관심사가 있어야 이루어지기 쉽다. 딱히 군대에 있는 내가 군대얘기를 오랜 시간 한다고 해서 관심어린 눈빛으로 들어줄 이가 몇이나 있겠는가?

　서로가 학보에 대해 이야기를 하자고 말을 맞춘 것도 아닌데, 이야기는 그쪽으로 자연스레 흘러갔다. 주간 발행이고, 선배들의 공백이 크게 느껴지는 요즘. 어떠냐, 어떻다. 이런 건 어떨까? 라는 이야기가 오갔다. 나도 한때 내가 신문을 만들어 봐서 알지만, 쉽지 않은 일이다. 또한 내가 할 때보다 양이 두 배로 늘었고, 일을 할 수 있는 능력을 가진 기자들도 부족하기에 '힘들겠구나, 힘들겠다' 라는 생각만 가지고 있었고, 내가 별 반 아는 것이 없었다. 그래서 현 편집장과의 이야기를 하기 원하는 것 같아, 편집장과 좀 더 친한 관계에 있는 내가 연락을 해서 만나기로 했다. 가는 도중 다른 선배 한명과 연락이 또 되어서, 그렇게 4명이서 만나게 되었다.

　마음 한구석이 편하지만은 않았다. 편집장과의 사이도 좀 서먹한 상태였는데, 다른 선배들과 또 만난다는 것이 분명 이 자리는 나보다 학보에 치우칠 것이 분명했기에. 설마 조차도 아니었다. 8개월여 만에 휴가를 나온 내가 그들의 대화에 낄 수 있는 자리는 많지 않았다. 아니 없었다고 해야 맞다. 그들보다 기자생활을 오래 한 것도 아니었고, 나를 제외한 3명은 전 편집장, 현 편집장이었다. 그 속에서 내가 어떤 이야기를 꺼낼 수 있었을까? 이제와 생각해 봐도 학보 6기 기자가 아닌 '육군 상병 김봉주' 는 안중에도 없었다. 다들 박식한 그들이었기에 선배로써 후배에게 가르쳐 주고 싶은 것들이 많았을 테지, 그 자리를 나를 통해 좀 더 쉽게 가진 것이고, 곧, 나를 위한 자리였다기보다는 나를 통한 학보 발전 편집장 선,후배들의 회의(?)정도로 해석되었다. 나는 기자가 아니라 군인인데….

　선배가 후배에게 가르쳐 주는 학보운영 방법들은 군대의 그것과 비슷했다. 막내가 잘못하면 막내를 직접 혼내는 것이 아니라, 막내 바로 윗선임을 혼내는 것. 또한 명령, 복종, 그것에 불복(불응), 따르지 않으면 과감히 자리를 없애버리는 방법. 관료사회, 계급사회, 지긋지긋한 생활을 다시 머리에 되뇌이게 했다. 군인은 군인 자체로 위로 받을 권리가 있다고 생각한다. 군인은 대체 복무로 국방의 의무를 대신하는 자들(공익근무, 병역특례 산업체 등)과 같을 수 없다. 같은 대우를 해줘서도 안 된다. 젊은 나이에 사회와 동 떨어진, 어찌 보면 구속되어 있는 공간 속에서 2년이란 시간 동안 만나고 싶은 사람, 먹고 싶은 것들, 하고 싶은 것들과 멀어져 철저히 통제된 생활을 하는 병사들과는 분명 다른 대우가 있어야 한다. 국가에 충성하고 국민들에게 충성하는 것이 우리들의 의무이기에 나를 통해 밖에 있는 이들의 일이 좀 더 잘되고, 편안하다면 이보다 좋은 일을 한 것이 무엇이겠냐 만은, 9박 10일 동안만큼은 관심 받고 싶었고 위로받고 싶었던 나였다는 말이다. 가슴 한편에 서운한 마음이 드는 건 어쩔 수 없는 것 같다. 머리와 가슴은 같을 수 없다.

WBC로 대한민국과 세계가 떠들썩한 요즘 4강에서 다시 일본을 만나 경기를 했다. 2승을 먼저 한 한국이었지만 예감은 좋지 않았는데 팽팽하게 유지되던 경기는 막바지에 와서 깨지기 시작했다. 나는 경기를 끝까지 보지 않았다. 하도 답답해서 채널을 돌렸고, 채널을 돌린지 얼마 지나지 않아 또 다른 선배들과의 만남이 있었기 때문이다.

나의 시간개념은 아주 특별하다. 약속시간에 늦지 않고, 5분이라도 약속시간보다 빨리 도착한다는 것. 내가 늦는 일은 거의 없다. 늦는 일이 있다면 나에게는 굉장히 큰일이고, 그 정도의 일이라면 전화를 꼭 하거나, 약속을 다음으로 미룰 것이다. 하지만 정말 극히 드문 일이지. 그렇기 때문인지 몰라도 약속에 늦는 사람들에게는 신뢰감이 떨어진다. 물론 내가 좋아하지도 않겠지. '그녀를 위해 하루 종일 비를 맞으며 기다렸네', '널 생각하면 시간이 언제 갔는지도 모르겠어' 이런 일들은 나에게 일어나기 힘들 것 같다.

이럴 수 있도록, 이만큼 사랑하는 사람을 만날 수 있다면 더 이상의 축복이야 있을까만은 내가 만난 몇 안 되는 자매들은 대부분 약속시간을 지키지 않았다.

  30분을 넘게 기다린 적도 있다. 전화를 해도 받지는 않았을 때가 가장 답답하다. 그나마 10분 정도 늦는 것은 꽤 양호한 편이다. 이런 이야기를 꺼내는 건 내가 만난 선배들은 약속시간도 꽤 잘 지킨다는 것을 말해주고 싶어서다. 정확히 지키지는 못해도. 내가 생각하는 양호한 시간 안에는 도착한다. 물론 그 시간이 초과 된다면 연락을 하시는 편이시다.

  이런 말이 맞는 것 같다. 빈 수레는 요란한 것이고, 속이 꽉 찬 수레는 요란스럽지 않다. 바쁘지도 않는 사람들이 바쁜척하고, 없는 척하는 사람들은 진짜 없어지는 것, 남에게 베풀려는 사람들은 더 가지게 되는 것 같다. 이런 것들이 말처럼 쉬운 것은 아니지만 말이다.

  오늘 만난 선배들은 모두 고등학교 선배들이고, 대화가 통하고, 나이가 대부분 삼촌뻘 되시는 분들이기에 다른 누구를 만나는 것보다 더 편하다. 왜 그런지는 모르겠는데 난 왜 나이든 사람이 더 좋은지 모르겠다. 만나자마자 하시는 말씀이 뭐가 먹고 싶냐고 물으신다. 솔직히 내가 딱히 메뉴를 고르지 않아도 모든 음식을 가리지 않고, 예쁘게, 맛있게 아주 많이 먹는다는 것을 누구보다도 잘 아시는 분들이시다.

  해산물을 좋아한다고 말씀드렸더니 회를 먹으러 가자고 하신다. 내 입에서 랍스타나 고급 호텔 레스토랑이라도 나올 줄 아셨는지, 꽤 약한 메뉴를 골랐다고 하신다.

  술을 좋아하시고, 사업을 하시는 분이라 단골도 많다. 저렴하고 맛있는 집, '세꼬시'를 먹었다. 세꼬시라는 말은 못 들어 봤는데, 회를 뼈와 함께 썰어서 나오는 것이었다. 워낙 회를 좋아하는 나였기에 많은 양을 계속 집어먹었다. 이 선배들의 중심에는 내가 있었다. '요즘 군대는 어떠냐', '아직도 PRI 하냐'(피 터지고 알배고 이 갈리는 사격예비훈련) 등등 나에게 많이 물으시며, 술도 권하신다. 대화의 주제는 내가 하게 되고, 서로 공감하며 맞장구치고, 내가 주재자인 만큼 술도 나에게 많이 온다. 하지만 나는 술을 그렇게 잘하는 편이 아니다. 어떤 술이든 한 병이면 많고, 이를 초과하거나 섞어 마실 경우, 머리가 아프고, 졸리며 비틀거린다. 오늘도 끝내 이 상태가 되었지만 기분만큼은 최고였다.

이야기를 하는 도중 한 선배님께서는 전역증을 꺼내 보여주신다. -전역증- 육군병장 ○○○ 군번 ○○○-○○○○. 사진과 인쇄 기술이 지금보다 뒤떨어져 좀 허름해 보였지만, 세월의 때와 그 선배의 고생한 기억, 자부심, 추억만큼은 그 전역증에 모두 깃들어 있는 것 같았다. 내심 많은 부러움도 느껴졌다. '나도 저 나이가 되면 군에 대한 모든 기억을 전역증에 새기고, 회상 할 수 있겠지' 훗날 좋은 기억만 간직할 수 있었으면 좋겠다.

술자리 도중 큰 실수를 저지르기도 했다. 다른 선배님이 도중에 오신 줄도 모르고 모든 것을 멈추고 자리에서 곧장 일어나지 않은 실수.

먹을 때 나에게 방해가 되는 것을 싫어하는 나의 무의식이 이런 실수를 하게 만든 것 같았다. 기본예절을 중시하시는 선배님들께 정말 죄송할 따름이었다. 그 덕에 알밤 두 대를 맞았다. 다음부터는 절대 이런 실수 저지르지 않겠다고 다짐해 본다. 휴가 중 가장 기분 좋은 하루였다.

이번 휴가에서 술은 빼놓을 수 없다. 친척들과의 만남에서, 선배들과의 만남에서, 아버지와의 식사자리에서, 친구와의 만남에서, 이번의 저녁에서 7번은 마신 것 같다.

가장 기억에 남는 자리는 아버지와 선배들과의 자리인데, 아버지와의 자리에서는 막걸리 한잔으로 많은 양도 아니고, 대화의 시간도 길지 않았는데 왜 기억에 오래 남는지 모르겠다. 아마 흔하지 않던 아버지와의 1:1 식사자리였고, 술의 종류가 '막걸리였기 때문에' 라는 생각이 든다. 왠지 큰 나무, 기둥으로 내가 성장해 가는 느낌, 복잡, 미묘하게 머릿속에 맴돈다.

선배들과의 자리는 두 번 가졌는데 한번은 여러 선배들의 모임에 내가 끼어버린 거고, 한번은 나를 위해 두 선배가 자리를 낸 것이었다. 선배들과의 자리에서는 내가 생각하는 과음을 했다. 나를 위로해주고 챙겨주는 선배들의 관심에 진심으로 감사한 마음을 갖는 자리여서 좋았고, 술을 많이 먹어서도 좋았다. 많이 먹는다는 것은 내가 쓰러지지 않는 정도로 먹는다는 것인데, 내가 도중 못 먹겠으면 거부하는 스타일이라 속이 많이 거북하면 먹지 않는다. 이 정도를 먹으면 내 안에 또 다른 내가 새로 태어나는 느낌이 든다. 목 넘김이 좋다거나 술맛이 좋다는 것과는 다르다.

술을 내가 원해서는 많이 먹지 못하고, 그럴 때에는 또 다른 나를 발견할 수 없다. 선배들의 권유로 과음을 하게 되었는지, 술자리에서 일어나서 나의 집 앞까지 바래다주는 선배님의 차안에서 졸면서, 집까지 걸으면서, 한두 가지 일을 머리와 가슴이 아닌 다른 곳으로 다르게 생각하게 되었다. 말로 표현하기 힘이 들어 답답하다. 그래서 기억에 남는 두 자리였다. 내가 휴가 때 만난 사람들은 앞으로 전역을 해서도 계속 만날 사람들이고, 이들과의 자리에서 술을 곁들이든지 아니든지 만날 사람들의 취향에 따라 존재유무가 결정되겠지만, 영영 멀리 할 수는 없을 것 같다. 또 다른 내가 태어나 다른 생각을 할 수 있다고 해도 그것을 즐기지는 못할 것 같다. 앞서 말했듯 내가 원해서는 많이 먹지 못하니까.

드디어 복귀일이 밝았다. 내 계획대로 이날은 아무런 약속도 계획하지 않았다. 집에서 혼자 열흘간의 휴가를 마무리하기 위해서였다. 아침에는 바쁘신 어머니를 돕기 위해 간단히 집안 청소를 했고, 그 후부터 복귀시간까지 컴퓨터 앞에서 열흘간 있었던 일들을 기록하기 시작했다. 시간은 무척 빨랐다. 열흘간의 일들을 모두 기록하고 정리하지도 못했는데 여자친구와의 공식적인 정리가 오전 사이에 이루어져 버린 것이었다. 맞은 사람은 발 뻗고 자도 때린 사람은 그렇지 못하다고 하루 종일 마음이 불편했다. 정신 차리고 글을 써도 잘 써지지 않았다. 그녀의 충격도 컸겠지만. 나의 충격도 컸다. 얼마동안 '멍~' 해져 있었는데 복귀 시간이다. 나를 만나준 몇몇 지인들에게 감사의 말씀 전하고 복귀했다. 위병소를 나올 때 염려했던 일이 그대로 맞았다. 역시 복귀는 힘든 것이었다. 다시 위병소 밖을 나오기가 두려울 정도로 복귀하기가 힘이 든다. 입대 후 첫날밤보다 휴가 복귀 날 밤 잠자리가 더욱 불편했던 것 같다. 2차 정기 휴가는 아마도 꽤 오랜 시간이 지나야만 쓸 수 있을 것 같다.

시시각각 변하는 세상

훈련 중 텐트 안에서 취침을 앞두고 졸린 눈을 부비며

    미칠 것 같은 복귀 후 아침이다. '9박 10일이 참 짧습니다. 시간이 약입니다!' 라는 먼저 1차 정기휴가를 다녀온 후임들의 말이 생각난다. 오전부터 나무 작업 지원을 갔다. 며칠 전부터 부대 내에 있는 나무들을 하나하나 베고 있다고 들은 바 있다. 그렇다면 그 나무들을 치울 인력이 필요한데 그 작업에 동원된 것이었다. 잔가지들부터 인력으로 옮기지 못할 만큼 큰 나무들까지 크기와 종류도 각각이었다. 먼지도 많이 나고 근력을 쓰는 작업이기에 힘은 들었지만, 내가 선 자리에서 열심히 해야 지난 안 좋은 기억들을 조금이라도 빨리 잊고, 부대에 적응 할 수 있을 거라는 생각에 내 몸은 한층 가벼웠다.

    이 작업의 근원은 내가 직접 듣지는 못해서 확인할 방법은 없었지만 한 고위 간부님의 "부대가 큰 나무들 때문에 좀 어두워 보인다." 라는 말 한마디에 시작된 작업이었는데, 수십일 동안 계속되어 눈에 확 띄게 하늘도 잘 보이고 허전해 보였다. 족히 50년은 넘는 나무들이 흔하게 보였는데 허리를 싹둑 자르다니 저것들은 다 어디를 간단 말인가.

체를 놓고 보았을 땐 그렇지 않지만, 상부에서 명령이 떨어지면 어쩔 수 없이 해야 하는 것이 군대라는 집단 아니겠는가. 그 후 작게는 몇 년 된 나무들부터 크게는 몇 십 년, 몇 백년 된 나무들까지 수없는 나무를 베고 뿌리를 뽑았다. 그 작업에는 역시 값싼 노동력을 가진 우리 병사들이 나무의 뿌리를 뽑아내는데 삽과 곡괭이, 도끼로만 작업을 해내는 기염을 토했다. 어떻게 이런 일을 해낼 수 있는지 참으로도 대단스러웠다. 일주일 동안 하루도 쉬지 않고, 그 허리를 쓰는 작업을 하다 보니 그 주 외박을 나간 나는 제대로 놀지도 못하고 집에서 누워만 있는 일이 발생했다. 죄 없는 우리 아버지께서는 내 허리를 주물러 주시는 수고를 해주셨다.

볼거리

볼거리도 전역자를 막지는 못한다

- 잠복기 14~18일, 오염된 물질이 코나 입으로 들어가서 감염
- 잠복기를 거친 후 발열, 두통, 근육통, 식욕부진, 구토 등 전구 증상이 1~2일간 나타남
- 침샘(귀밑샘)이 단단하게 부어올라 동통과 압통을 느낌 붓기 시작한 후 1~3일째 최고조, 3~7일째 가라앉음
- 감염자의 1/3은 무증상 (불현성 감염자)
- 합병증 : 고환염, 부고환염, 뇌수막염, 난소염, 췌장염
- 환자관리는 전구기 증상환자 조기색출/관리강화(격리) 전원 마스크 착용
- 예방책 개인위생관리

이것이 무엇이냐! 흔히 불리는 '볼거리', 전문용어로는 유행성이하선염 (Mumps virus). 처음 듣는 병이고, 처음 겪는 일이다. 훈련을 해야 하는 주에 훈련을 취소되고, 병사들 관리에 들어갔다. 볼거리라는 병에 대해 알리

고 개인 마스크를 전원 착용 하는 등. 간부들은 한없이 분주한 모습이다. 증상을 보면 별 것 아닌 것처럼 느껴지는 듯하지만, 합병증을 보면 그렇지도 않다. 꽤 무서운 병이다. 옆 중대에서 볼거리 환자가 하나둘씩 발견 되더니 우리 중대에도 한명 생겼다. 그만큼 전염성이 심해 보였다. 훈련이 취소되었으니 내무실에서는 개인정비를 취했다. 모포, 포단, 매트리스 일광건조를 시작으로 대청소에 들어갔다. 이 병이 비위생적으로 발병할 수 있는 만큼 당연한 것이었다.

훈련이 취소되어 깨끗함과 아름다운 내무실 꾸미기의 일환으로 내무실 꾸미기에 인력을 투자됐다. 내무실을 어떻게 꾸미냐는 크게 두 가지로 분류할 수 있다. 돈을 많이 투자해서 예쁘게 보이는 방법, 인력을 소비하여 정성스런 모습을 나타내는 방법. 우리 내무실은 후자를 택했다. 며칠간 종이와 색연필, 가위 등 행정비품들을 이용해 최대한 노력을 했다.

거의 다 꾸몄을 때 다른 내무들과 비교를 해보니 별로라는 내 생각이다. 다른 내부실 몇몇은 화분과 커튼에 돈을 많이 들인 티가 났고, 확실히 더 예쁘고 깔끔해 보였다. 반면 우리 내무는 곳곳에 정성을 들인 티는 났지만, 왠지 어설프고, 허전하고, 난잡해 보이기까지 했다. 며칠 동안 '노가다' 를 해서 나름대로 괜찮다고 생각하고 있었는데, 다른 내무와 비교하니 비교대상에도 낄 수 없을 것 같다는 느낌이 들었다.

내무실 단합 명목이 '내무실 꾸미기' 였지만, 단합은커녕 '우리도 돈을 모으자!' 라는 말만 나오고 헛수고 한 것 같다는 느낌만 들었다.

내무실의 명칭도 생활관으로 바꾸는 등 좀 더 우리들에게 친근한 곳으로 인식변화를 꾀하는 간부들의 노력이 가상하지만 나는 돈이나 힘을 필요로 한 꾸밈보다는 깨끗 청결한 '생활관' 이 아닌 '내무실' 이 마음에 더 와 닿는다.

이번 훈련은 육군만이 하는 훈련이 아니고, 타군과 함께 한 훈련인 듯싶었다. 전염병으로 고생하는 중대를 뒤로 하고 훈련 마지막 날에 나는 몇몇 전우들과 출동명령을 받았다. 출동지역에 내려 보니 해군부대였다.

　이 부대의 모습은 우리 부대의 모습과 차이가 있었다. 막사 간 간격이 우리와는 다르게 꽤 멀고, 곳곳에 잔디가 있고 바다가 보이는 곳, 아주 시원한 곳이었다. 바닷바람에 좀 춥긴 했지만 속이 탁 트이는 기쁨을 맛 볼 수 있었다. 부대까지 오는데 꽤 많은 시간이 지난 터라 점심식사를 하고 훈련을 시작했는데, 시작한지 2시간여가 지났음에도 망이 붙지를 않았다. 이유는 지대가 낮아 간섭이 많기 때문이었다. 이 정도의 시간이면 더 이상 해도 되지 않는다는 것을 소대장님은 아셨는지, 모두 철수를 하고 지대가 높은 곳으로 자리를 옮겼다. 그러자 다시 장비를 연동하기 시작한지 얼마 지나지 않아 상대측과 무선으로 연결이 되었다.

　내가 별로 한 것은 없었지만 우리 모두 원하던 대로 되었고, 무사히 끝 마쳤으니까 기뻤다. 출동을 나갈 때 마다 우리 군도 통신기술이 계속 발전해 나아감을 느낀다. 통화만 할 수 있었던 예전에 비해 화상 통화도 가능할 뿐 아니라 자료 송·수신도 가능하니 말이다. 점심식사도 간부식당에서 먹어서 인지 평소 먹던 밥과 맛이 달라 좋았고, 통신망상태도 잘 연결되어 모든 것이 좋았던 출동이었다. 이런 출동이라면 매일 나가도 좋을 것 같다.

　일주일여 동안 주차장 곳곳에 있는 그루터기 제거작업. 허리도 많이 아프고 삽질을 많이 해보니 절대 쉬운 일이 아님을 느꼈다. 공부를 열심히 하여 몸이 고되지 않은 일을 찾아야 겠다고 생각했다. 일당 2,000원짜리 노가다 일꾼 병사들은 삽 한 자루와 TV에서나 볼 수 있었던 장작패기용 도끼로만 작업을 했다.
　그루터기 제거. 밖에서는 중장비 포크레인이나 크레인을 이용 할 텐데,

남는 것이 인력인 군대니까 삽 한 자루로 모든 것을 해결한다. 삽 한 자루로 집도 만들 수 있을 것 같다. 그래 힘들고, 고되라. 그래야 배움의 필요성을 느낄 것이다.

군대에서 정신 차리고 새로운 사람이 되어 전역하는 사람들은 얼마나 될까? 내 생각인데 얼마 되지 않을 것 같다. 똑같은 생활을 주어도 받아들이는 사람에 따라 미쳐지는 영향이 다르기 때문이다. 내가 부대 내에서 할 수 있는 최선은 내 머릿속에 무엇이든 하나라도 더 채워 넣는 것이다.

그래서 지금 난 공부를 게을리 하지 않고 있다. 선임들의 눈치도 보고 욕도 먹어가면서 말이다. 이렇게 열심히 살고 있는 나도 있는데, 내 동생은 그렇지 못한 것 같아 아쉬움이 많이 있다. 나와 내 동생 대학가기 전까지 어른들이 말씀만 잘 듣고 커왔다. 시키는 대로 하고, 또 건강히 모나지 않게 열심히, 그래서 그런지 20살이 넘은 지금, 대학에 들어가고, 진로를 결정한 순간들이 서서히 다가오는데 스스로 무엇을 선택하거나 결정하는 데 많이 미숙한 것 같다.

특히 내 동생은 온실 속의 화초처럼 커왔고, 지금도 그러하다. 남들 눈에는 수도권에 이름 있는 학교, 학과에 다니고 있고, 부족함이 없어 보이지만, 아직 많이 부족하다. 나는 지금 밖에만 나가면 무엇이든 할 수 있고, 무엇이든 될 수 있을 것 같은데 너무 안타깝다. 고생 좀 해봐야 지금 자신의 상황이 얼마나 좁은 상황이고, 행복한지 느낄 텐데 이등병으로 군 생활 딱 6개월만 하게 해주고 싶은 마음이다. 그러면 아마 야생초로 변하지 않을까?

난 변하지 말아야지. 전역할 때까지 이 마음 변치 않고, 전역 후에도 꼭 지금의 생활을 생각할 것이다.

팽성 중계소 관리

전술 훈련도 이들과 함께 했기에 즐거울 수 있었다

　내 임무는 어딜 가든 큰 변화는 없는 망 상태를 관리하는 것이다. 통신소를 개설하거나, 이미 개설되어 있는 통신소를 안정하게 유지하는 것이 내 임무다.
　이곳 생활도 어느덧 일주일이 되어간다. 자체적으로 취사를 해야 한다는 점, 야간에 근무서는 것도 좀 힘들지만 텐트에서 잠을 자야 하는 것이 편하지만은 않다. 어찌 보면 중대 내에 있는 것보다 편하다. 윗선임들 얼굴 안 봐도 되고, 내가 노력만 하면 주간에 시간을 내 마음대로 쓸 수가 있다. 하지만 왜 그런지 내 몸이 무거워져서 움직이기가 힘이 든다. 조금만 과격한 운동을 하면 머리가 아프고, 운동을 너무 안하는 것 같기는 하지만, 규칙적으로 못 할 바에 안하고 그 시간에 다른 일을 하는 것이 나을 것 같아서 그렇게 지내고 있다. 좀 더 부지런해질 필요가 있는데 쉽게 되지 않는다.
　어제 또 뉴스에서 미군이 농민들에게 총을 겨누는 사고가 일어났다고 한다. 그 사건이 미군이 잘못했다고 해도 꼭 그렇게 미군이 100% 잘못했다고 보도할 필요가 있었나 싶다. 왜냐면 우리나라가 적으로부터 한반도를 지키기 위해 미군의 힘은 필요악인데, 우리 국민들이 보는 뉴스에서 미군의 이미지를 깎아 내리면 이로울 것이 무엇이 있다는 것인가.

그리고 시위하는 농민들과 여러 단체들, 그럴 필요가 없다. 우리의 국방력은 주적에 비해 부족하고 그 부족함을 채울 돈이 우리에게는 없다. 돈이 많으면 미군이 우리나라에 있을 필요도 없고, 더불어 나 같은 젊은이가 그렇게 오기 싫어하는 군대도 올 필요가 없는 것이다. 미국처럼 돈이 많으면 모병제를 하지, 징병제로 하겠는가?

과연 시위하는 사람들이 국가를 위해 보탬이 되도록 이바지 한 일들이 무엇이 있다는 말인가? 국방비에 보탬이 되라고 돈을 내었는가? 다시 한 번 돌아 볼 필요가 있다. 국가의 정책에 자신은 걸림돌만 되고 있는 것이 아닌지, 나를 낳아주고 키워 준 조국에 어떠한 기여를 했는지, 올바르지 않은 일부 보도기사를 보고, 또는 반미감정을 가진 사람들에 이끌려 현혹되어 국가 정책에 방해가 되는 사람이 되고 있지는 않은지 깊이 생각해 봐야 할 것이다.

시위현장에서 군인이 민간인을 때리는 일은 흔하지 않다. 대부분 시위자들이 먼저 공격을 하면 군인들은 막기 바쁘다. 그들 중 몇몇 수의 군인들이 화가 나서 시위자를 때릴 수도 있지만 선제공격은 시위자들일 것이다. 고위층 간부가 시위현장에서 웃음을 띠는 사진 같은 것도 속사정을 모르고 짐작으로만 사진을 수집하여 마음대로 기사화 하는 것은 진실을 왜곡하는 행위이다.

작은 것을 크게 만들 수 있는 보도기사의 특성을 악용하여 현실을 잘 모르고 기사를 보는 이들에게 군인의 잘못된 인식을 심어주면 안되겠다. 물론 그 기사를 보는 이들도 직시하여야 할 것이다.

출동이나 훈련으로 인해 교외로 나가게 되면 시내를 거치게 된다. 그렇게 되면 민간인들도 보게 되고, 민간인들이 바삐 움직이는 차량들과도 만나게 된다. 그러면 가장 많이 아는 체 해 주는 사람은 어린애들이다. 손을 흔들어 주는 것은 기본이고, "군인아저씨다!"라고 외치는 애들도 있다. 아저씨라는 말이 날보고 어색한 20대 초반의 병사들이지만, 웃고 손을 흔들며 화답하는 병사들도 많다.

또한 아주 고마운 사람들은, 자식 같은 느낌이 들었는지, 예전 자신의 군 생활 하던 때가 기억이 나는지 차에 있던 군것질 거리를 던져주기도 한다. 물론 너무 감사하다. 사람의 정에 굶주리고, 매 마르고 차가운 머리를 가져야만 하는, 그래서 자칫 가슴도 차가워 질 수 있는 우리들에게 사람의 정과 가슴의 열정을 다시 한 번 불태워 준다. 나도 전역하고 어른이 되면 현역 군인들에게 따스한 손길 한번 내 줄 수 있는 여유롭고 따듯한 사람이 되고 싶다.

팽성 임무수행 중, 체육대회를 위해 1박 2일 간부를 잠시 교체 한 일이 있었다. 작전 임무수행이 먼저인가? 체육대회 우승이 먼저인가? 간부를 교체하게 되면 병사들은 새로운 간부의 스타일을 파악하여 비위 맞출 준비도 해야 하고, 통신 장비와 제원 상태 등 인수인계도 이루어져야 하기 때문에 여러모로 거추장스럽다. 물론 모든 임무를 병사들에게 분담시켜 아예 신경도 안 쓰는 간부도 있다. 이번에 바뀐 간부는 後者이다.

상병은 부대의 중추적 역할

경계근무는 군인의 기본

병사들은 크게 두 분류로 나뉜다. 윗선임들이 해준 대로 똑같이 아래 후임들에게 해주려는 병사들과 그렇지 않은 병사. 내 동기 중 한 명이 내 눈에 너무 거슬리는 행동을 요즘 행하고 있다. 난 이등병 때 그랬다. 어느 한 병장 선임이 자신이 먹은 쓰레기를 버리라고 나와 내 동기가 있는 쪽을 쳐다보며 눈치를 주며 "야!"라고 하는 것이었다. 그래서 난 아무 생각 없이 '저것을 빨리 처리해야겠다'라고 생각하고 내무실에서 빨리 뛰어 쓰레기를 잡으려 했다. 그런데 그 순간 나와 같은 생각을 한 동기와 다리가 엇갈려 내무실 바닥에 넘어져 버린 것이었다. 난 아프다는 말도 못하고, 선임 손에 들려있던 쓰레기를 냉큼 들고 쓰레기통으로 향했다.

병장 선임들은 내무실 출입구에서 가장 멀고 TV와 가까운 곳에 위치해 있고, 일, 이병들은 출입구에서 가깝고 TV와는 먼 쪽에 관물대가 위치해 있으므로 동작을 빠르게 했다. 쓰레기통의 위치도 출입구와 가깝다. 난 단지 그 때에 내가 넘어졌을 때 그 선임이 괜찮냐는 한마디도 해주지 않아 화가 난 것이 아니다. 물론 자신이 먹고 버려야 할 쓰레기를 치우려고 뛰어온 나에게 그 정도의 예의도 없는 것도 문제이지만, 후임들에게 그러한 일을 시키는 것 자체가 더욱더 큰 문제라고 생각했다.

그때에 난 내가 병장이 되면 절대 그러지 않겠다고 생각했다. 지금 난 상병 4개월째로 이제 밑에 후임들이 꽤 많다. 그래서 예전에 당했던 일들을 후임들에게 할 수도 있는데, 난 그렇게 하지 않는다. 그런데 내 동기가 그 행동을 하는 것이 아닌가. 어디에 있는 개인의 물건을 가져오라는 심부름부터 자신이 먹을 것을 대신 치우라는 것까지. 보다 못해 속이 타서 내가 동기에게 한소리 했다. "넌 이등병 때 당하고도 밑에 애들한테 그러고 싶냐?" 그러자 동기曰 "당연하지. 똑같이 해줘야지." 말이 안 통했다. 내 밑에 놈이면 어떻게 해보겠지만 그것도 아니니 쉽지 않았다. 이런 생각을 가지고 군 생활 하는 놈들이 있는 한 우리의 군 생활은 100년, 1000년이 지나도 쉽지만은 않을 것이다. 괴롭히지 않아도 서럽고 힘든 것이 일, 이등병 아니겠는가.

내가 좀 더 힘을 갖게 되면 우리 내무실이라도 이런 일들이 벌어지지 않는 평화로운 내무실을 만들 작정을 다시 해본다.

사람을 잘 만나는 것도 복이다. 나와 마음이 잘 안 맞는 사람이 있는 반면 마음이 잘 맞는 사람이 있다. 다행히도 내가 후임들을 잘 받은 것 같다. 주특기 할 때도 똘똘한 친구들이 많아 내가 선임으로 아주 편하다.

요즘 들어 나의 힘과 중대 내의 영향력이 작지 않음을 느낀다. 서열 높은 상병이 그 중대를 이끌어간다.

요즘 내가 훈련도 거의 대부분하고, 장비관리도 잘하고 있다 보니 나의 말을 간부들도 함부로 못하고 내 말에 주의를 기울여주는 것 같다. 역시 '자신이 많은 분야에서 최고가 될 필요가 있고, 영향력 있는 사람이 되기 위해서는 꼭 필요한 사람이어야만 하구나!' 라는 느낌이 든다. 그래야 모든 언행이 힘이 있어지는 것이니까. 간부들도 함부로 못하는 그런 병사

어디서든 그런 사람이 되자. 이곳뿐만 아닌 밖에서도.

내가 지금 가진 것에 행복하다. 무소유를 생각하고, '사람 인생 6~70년이 짧고 별것 없다'라고 이렇게만 말한다면 종교가 싫어진다. 희생과 무소유를 외치는 종교들. 나의 욕구와 꿈은 이것을 어기는 것인가. 열심히 살 수 있도록 나를 채찍질해도 모자라다. 난 그렇다.

난 지금 한창 발전하고 꿈을 가진 20대 청년이라고. 지금 그 어떤 것도 두렵지 않고 욕망, 욕심, 꿈만이 머릿속에 있다. 이런 나에게 무소유라는 단어는 잘 어울리지 않는 것 같다. 열정, 투혼, 꿈, 갈증 이런 단어들이 더 어울리는 것 같다. 나는 아직 젊고 욕심을 부려도 되는 나이라고 나는 생각한다.

안보교육

새터민 : 이혜경 1964년 평양 출생. 83년 01년 탈북. 현 삼육대 약학과 교육 받는 중

6월 하면 떠오르는 것들.
- 호국보훈의 달, 현충일, 월드컵, 서해교전 (6.28) 남북 정상회담
- 총기난사 사건 6.25
- 북한: 신분이 좋아야 대학 갈 수 있다. 실력은 두 번째, 3년을 부지런히 일해야 기회 부여
- 어딜 가든 여행 증명서가 필요하다.
- 아오지(탄광) : 아 ~ 오지 말라.

북한의 TV채널 3개
① 조선중앙TV
② 만수대TV(평양시 사람들을 위해 이웃나라 소식을 주로 전함)

③ 개성TV(3·8선 근처 대적관 확립(빨갱이)이 잘 되어있는 사람 위해) 평양은 3개 채널, 개성은 개성, 조선중앙 2개뿐이다.

· 북한에서 남한에 대한 교육은 미 제국주의 식민지. 노숙자들이 판치고 직업을 얻지 못한 자들이 직업소개소 앞에서 데모(시위)를 하는 장면만 보여준다.

· 전기가 없다. 평양의 일부만 존재. 지금 북한은 우리의 60년대 생활. 등잔, 초로 불을 밝힘. 오직 생계를 위해 먹기 위해 살고, 살기 위해 먹는다. 인간 존엄성 무시, 사람다운 삶을 살지 못한다.

· 평양에서 온성까지 가려면 대략 느리면 1달 정도 걸린다. 빠르면 4~5일 보통 15일.

· 11호차(자신의 다리) : 가장 빠르고 안전한 전차

평양-온성가는 차가 3~4개월에 한 번 밖에 안 온다. 그렇게 기다리는 것보다 자신이 자신의 발로 가는 게 빠르다. 100리, 200리 길도 우습고, 식은 죽 먹기다.

· 10시간 연착이나 도착 미정이 빈번하다.

· 영실고향(영양실조고향) = 군대

13-)10년으로 바뀜. 전역하면 나이 30이 넘는다. 대학에서도 연애를 못함. 가벼운 체벌이 엄중 체벌, 무거우면 퇴학. 10년 동안 휴가를 한 번도 못 갈 수 있음. 간첩잡기 등으로 모범표창을 받아야함.

· 김일성, 김정일을 위한 나라. 사진을 모신다. 집에 불이 나도 사진 챙겨 나와야 함. 그러면 영웅 됨, 자신의 목숨으로 둘을 구했다.

· 6.25 전쟁 사상자 300만

· 식량난 아사자 300만

· 관을 짤 널이 없어서 가로수에 자신의 것을 표시한다.

· 집 전화 없음. 평양고위간부 몇몇만 있음. 이웃사촌이 죽은 지 1달이

지나도 모를 때가 있음
- 중국 52개 종족, 우리는 단일민족
- 현재도 이념전쟁 중
- 간첩교육소가 존재
- 완성된 퍼즐도를 보지 않고는 퍼즐을 완성하기 힘들다. 인생의 완성도를 먼저 그려라.
- 북한에는 꽤 많은 가정에서 생계를 여성이 책임을 지고 있다. 남성들은 술과 담배로 탕진한다. 그래서 북한에서 남편을 속된 말로 멍멍이라고 한다. 집 지키는 개와 별다를 바 없다는 뜻이다. 또한 좀 더 비하하면 벽에 걸려 있는 풍경화라고도 하고 남편이 아니라 불편이라고 부르기도 한다.
- Q 북한 체제를 유지 할 수 없다고 하는데 그 말이 사실인지?
  A 북한은 지금도 무너지고 있고 앞으로도 별 발전 가능성이 없으나 언제 완전히 붕괴될지는 모름
- 서울대 총학생회장이 비운동권이라 탄핵을 당했음.

이혜경씨가 말한 것을 그대로 받아 적은 북한의 현 모습이다. 우리에게 북한의 모습을 알려준 그녀는 북한 사람들이 불쌍한 상태에 놓여 있기는 하지만, 미국을 몰아내려는 북한 세력에 현혹되지 말아야 한다고 강력히 말했다.

물리적 충격

 좋게 외박 다녀왔으면 그냥 잠자코 있을 것이지 왜 또 똥을 뿌리는지 알 수가 없다. 털어서 먼지 안 나올 수 없는 것이고, 작은 일도 크게, 꼬투리와 트집을 잡으려면 얼마든지 잡을 수 있다. 특히 군대에서는 아주 쉽게.
 현 분대장曰 "요즘 니들 대부분의 일들을 건성 건성하고 있는 거 아냐? 예를 들어볼까? 저기 바닥에 하얗게 묻어 있는 거 뭐냐? 안 지워지냐? 한 번 내가 닦아볼까? 어? 그리고 총기함 관리 뭐 제대로 하는 게 있냐?"
 혼내고 있는 중이었고 쫙 가라앉은 분위기에서 소리 내어 대답하는 이들이 없었다. 그게 또 뭐가 맘에 안 들었는지 대답 안 하냐며 욕을 해댄다. 그래도 분이 안 풀렸는지 나를 가까이 와보라고 한 후 뒤를 돌아보라고 했다. 그 순간 내 팔을 발로 차며 왜 대답을 안 하냐고 욕을 했다. 나만 대답을 안 한 것도 아닌데 나에게 폭력을 가한 건 내가 한창 밑에 애들한테 갈구며, 소위 관리해야 할 서열인데 그렇게 하지 않고 그런 이유도 있었겠지. 몸에 이상이 왔을 정도로 크게 아프거나 충격이 있었던 건 아니다. 단, 기분이 아주 더러웠을 뿐이지, 그 지저분한 무좀 걸리고 심성이 짐승만도 못지도 곱지도 않은 者에게 당했으니. 나도 맞았으니 밑에 애들을 때릴 수도 있다. 서열이 안 되었을 때부터 이런 이야기는 많이 들었다. 하지만 그러고 싶지가 않다. 내가 당한 꼴을 봤으니 한두 살 먹은 애들도 아닐 테고 알아서 하겠지.

그와 전쟁? 할까? 그런 가치조차 없는 者이지. 무시하자. 보통으로 군 생활 하려 했는데, 못하면 안하는데, 그런 내 자존심이 허락이 안 되고 힘들다.

비여 오소서!! 찔끔찔끔 오는 비로 결국 주말에 훈련을 나가버렸다. 다음 주에 있을 평가를 대비 한 훈련이다. 처음 이 훈련의 계획은 어제였는데, 윗사람의 어수룩함으로 어제는 얼렁뚱땅 초소 제초작업을 하며 보냈는데, 주말에 훈련이 웬 말이냐.

일단 훈련을 나가게 되면 시간은 잘 간다. 내가 가진 주특기가 육체적으로 다룬 주특기를 보다 힘들지 않기 때문에 부담도 덜 된다. 또한 부대 내에서 잡부처럼 작업하는 것보다 통신훈련을 하면 내 자신이 이곳에서 필요한 존재라는 존재감을 느끼기 때문에 훈련을 개인적으로 좋아한다.

하지만, 망이 붙지 않으면 어쩌나? 하는 불안감과 함께 이번 주말을 전혀 쉬지도 못했다.

전술훈련 평가가 쉽지 않은데, 게다가 육군최고 상급부대인 육군본부에서 평가를 나온다니 군단 전체가 떠들썩한 건 두말하면 입 아프다. 오늘도 난 훈련장에 나왔다. 이곳에 나오기 전에 군단 내에서 상황 훈련과 적 화생방 공격 상황으로 내 체력은 거의 바닥난 상태.

방독면을 쓰고 이리저리 뛰어다니는 것은 쉽지가 않다. 방독면을 착용하면 육체적으로 숨쉬기가 힘들고 특히 나처럼 시력이 좋지 않은 군인들에게는 시야 확보가 부족해 두려움까지 있다. 그 두려움이 상당히 크다.

이 두 가지 이유만으로도 너무 힘들다. 그래서 나의 방독면 속에는 땀으로 이루어진 작은 강이 생겼다. 휴~ 오늘 흘린 땀이 한 바가지나 될 것 같다. 훈련장에서 3성 장군과 수많은 영관 장교들을 보았다. 그들과 함께 위장하고 뛰어다녔다. 내 머리 속엔 직업군인이란 직업은 한걸음 더 멀어져 갔다. 땀을 많이 흘려 머리도 아프다. 훈련에 나와 저무는 해를 보면 집 생각이 더욱 난다. 특히 어머니 생각. 이틀 전에도 통화했는데, 또 전화하고 싶다. 고생이 되면 될수록 어머니의 사랑은 말로 표현이 안 된다. 오늘 왜 이리 날씨도 뜨겁고 더운지 사람을 미치게 한다. 공부하고 싶고, 이곳을 떠나고 싶다. 통신장비, 텐트 철수를 생각만 해도 구역질이 난다.

방독면의 위장, 보모수갑, 보호의가 날 덥게 한다. 40°를 육박하는 더위에 화생방을 막는 옷. 생각해봐라, 얼마나 두껍고 불편하고 더울지. 오늘 토할 뻔했다. 군 생활 빡세게 해보자. 더 힘들고, 더 더러운 꼴, 많이 느껴서 밖에 나가서 큰 사람 훌륭한 사람 될 테니.

같은 물이라고 할지라도 때에 따라 그 가치는 하늘과 땅 차이다. 모든 물건이 동일하다. 평소에 별로 필요하지 않던 장비도 훈련에 나오면 쓸모가 있으니까.

훈련 중 시원한 아이스크림을 저녁시간임에도 불구하고, 위문품으로 가져오신 목사님. 그의 마음과 아이스크림을 어찌 값으로 따지랴? 감동, 입은 시원하지만, 마음은 훈훈하게 해준 값진 아이스크림이었다. 평소에는 돈으로 쉽게 구하고 먹는 아이스크림이지만 이곳에서의 그 가치는 따질 수 없다. 지난주도 오늘을 준비하기 위해 거의 비슷한 훈련을 했다.

또 새로운 아침이 왔다. 아주 밝은 아침. 4시간 텐트에서 잠을 자고 4시간 통신근무를 서야했다. 나와 같은 주특기를 가진 병사가 나와 후임 둘이었기 때문이다. 짧은 시간이었지만, 잘 잤고, 통신근무를 서면서도 편해서 피로가 좀 가시는 듯하다. 이제 쉘터 차량 안은 내 집처럼 편한 느낌이다.

그런데 아침부터 오후 2시쯤에나 나타나야 할 뜨거운 햇볕이 차량 주위를 감싸고 있다. 여름을 알리는 매미소리도 들리고, 이렇게 보면 정말 군대 안에는 여름과 겨울 밖에 존재하지 않는 것 같다. 혹한기 훈련을 하면서 너무 추워서 얼어 죽겠네, 살겠네 했던 때가 엊그제인 것 같은데, 이제는 더워 못살겠다.

  3월 말까지는 춥다가 4월 말 쯤 되어서부터 엄청 더워진 것 같은데, 비나 좀 오면 시원하련만 하늘은 맑고, TV에서도 장마에 대해 크게 떠들지 않는 것을 보니 이제 장마도 물러간 것 같다.

두 번째 유격

추억을 만들어 준 유격훈련 조교 시절

운이 좋게도 이번 유격은 훈련장에서 구르고 뛰는 훈련자가 아닌 조교로서 훈련을 참여하게 되었다.

이때까지 했던 군 생활도 후회스런 일들이 많이 있었지만 유격 훈련을 마치고도 후회가 되는 느낌이다. 인간은 왜 그럴까 자신이 부족하고 아쉬울 때는 아쉬운 소리하고 하더니 그 순간이 지나면 언제 그랬냐는 듯 고개를 돌려버린다.

'화장실 들어갈 때 마음과 나올 때 마음이 다르다고 해야 하나?' 'RANGER'를 통해 다시 한 번 느끼게 되었다. 권력이란 좋은 것이다. 같은 병사이고 사람임에도 불구하고 그를 보다 높은 곳에서 그들을 쥐락펴락 할 수 있다. 내가 앉으라면 앉고 일어나라고 하면 이러난다. 내가 시키는 행동에 군말 없이 복종한다. 그들보다 높은 곳에서 마시는 공기는 맛도 다른 것 같다. 그래서 모두들 높은 곳으로 향해 가는 것이겠지. 군대에서 느낀 장점 중 한 가지를 꼽자면 처음에는 굉장히 낮은 곳에 위치해 있지만 개인의 능력차와는 상관없이 꽤 높은 곳에 어느 순간 위치 할 수 있다는 것 같다. 높은 곳의 맛. 물론 간부보다 병 생활을 해야 느낄 수 있는 것.

 높은 곳의 장점은 희소성이라 해야 할까? 아무리 높은 곳이라도 높은 곳에 많은 사람이 있다면 그곳은 높은 곳이 될 수 없다. 많은 사람이 그 곳에 올라가는 순간 그 곳은 이미 낮아져 버린 것이다.

 높은 곳에 올라가게 된 선택받은 소수의 인원들은 그래서 소외감을 느끼게 되는 것인가 보다. 은혜를 기억하지 못하는 사람을 잘해주면 잘해줄 때 그 순간이고 좀 서운해 하면 표정부터 변한다.

 올해 유격훈련은 작년보다 힘들었음에 틀림없다. 비도 안와서 일주일 내내 훈련이 빠지지 않았었고, 매일 구보도 했으니 말이다. 조교로 유격훈련에 임했기에 특별히 몸이 고단하지도 않았고, 같은 중대의 선, 후임들을 지시하고 훈련시켜야 하는 게 마음 아프기도 했다.

 유격 훈련을 마치고 피곤한 몸을 이끈 상태에서 또 다른 훈련을 뛰려니 몸이 가볍지만은 않았다. 게다가 어제는 헌혈도 하고 오늘은 사격에, 내일 있을 정신전력 평가에 간부의 강요로 원하지 않는 연등까지 하다 보니 짜증도 많이 나고 스트레스도 많이 받았지만 위에서 시키는 것들이었으니 어쩔 수 없었다.

 오늘은 특히 사격을 못해서 기분이 더 안 좋다. 1년 배울 동안 군 생활하면서 사격은 꽤 잘해왔다고 자부했던 나였는데 오늘의 사격 결과는 형편없었다. 어떻게든 방독면 사격도 해보려고 노력했으나 눈이 굉장히 나쁜 나로서는 거의 불가능에 가까운 일이었다. 왜 이리도 과녁이 안 넘어가는지 미칠 것만 같았다.

 사격 못해서 얼차려도 받고 내 자신이 한심스럽다. 덕분에 사격측정 명단에서 제외되었다. 어찌 보면 잘 된 일일수도 있다. 사격은 위험하기도 하지만 사격 전후에 하는 총기수업이 귀찮아서이기도 하다. 사격 때문에 점심도 2시 30분가량이나 먹을 수 있었고, 중대장님의 화로 인해 중대원들 대부분이 얼차려를 받는 고통을 받았다.

간부들은 너무 하는 것 같다. 추석 때 출타를 계획했었는데 3차(말년)정기를 제외해 출타는 모두 통제라고 해버렸다. 무슨 훈련 기간도 아닌데 고작 그 체육대회가 뭐라고 모처럼 가족들과 함께 보내고자 계획했던 병사들의 마음을 그토록 몰라주는 것인가? 게다가 오늘은 내일 있을 평가 대비 훈련을 했는데, 점심시간이 꽤 넘은 시간이었음에도 불구하고 훈련인원 중 절반이 식사를 하지 못했다.

3시경 통신조장(병사)曰 "아직 식사를 못한 애들 교대로 밥 먹으면 안되겠습니까?" 소대장曰 "시끄럽고 빨리 철수나 해! 못 먹었으면 굶으라고 해!" 이게 과연 소대장이라는 사람이 할 소리인가? 병사들 휴식시간은 보장해주지 못할망정 밥도 못 먹게 하다니.

자기는 처먹었으면서 그러니까 나이 40도 안되어서 임신 5개월 정도 한 것처럼 배가 불룩 튀어나왔지. 놀부 심보도 가졌으니 그렇게 안 처먹어도 돼지가 될 것이다.

겉으로는 생각해 주는 척하면서 정작 자신들의 이익이나 진급에 민감한 사안이 있다면 병사들 생각은 사라져 버리는 것만 같다. 1년 6개월여 간의 군 생활 중 원하지 않는 연등과 겨우겨우 끼니를 챙겨먹는 내 자신과 전우들. 나 자신을 먼저 생각하는 이기주의적으로 될 수밖에 없다.

이론 시험(평가)도 부정행위를 해서라도 시험을 잘 치르라는 중대장의 지시. 지휘관이라는 사람이 그 모양이다. 과정보다 결과를 중시하는 사회. 나쁜 짓을 해도 안 걸리고 해결되면 그만이다, 라는 군대. 지혜롭지 못한 간부들이 병사들의 정신 상태를 멍들게 하고 있다.

역시 후임들 대부분, 특히 짬 차이 얼마 안 나는 1, 2개월 후임들에게는 잘해줄 필요가 없다. 오늘 아침 이런 일이 있었다. 상병 7개월째인 내가 이제부터 힘을 좀 쓰고 내무실 부조리 같은 것들은 하나하나씩 없애 보고자, 눈에 띄는 것부터 하나 없애보려고 시도했다. 예전 그리고 지금은 그렇다. 우유팩을 버릴 때에는 찢어서 버린다. 하지만 씻어버리지도 않는 우유팩을 쫙쫙 펴서 버릴 필요가 없다고 생각한 나는 다들 접어서 버리라고 지시했다.

그런데 그날 후임이 나에게 왜 그렇게 시키냐고 태클을 걸었다. 요즘에 내무실의 대부분의 후임들을 관리하는 놈인데 윗선임들이 힘 좀 줬다고 선임 무서운지를 모른다. 시키면 시키는 대로 하면 되지 왜 이리 말이 많은지 모르겠다. 예전 이등병 때도 나한테 한번 까분 적이 있었지만 용서를 해줬는데도 또 그런다.

다른 선임에게 돈 뺏겨서 "내가 한번 말이나 해봐줄까?" 해서 신경 써준 적이 있는 후임 인데, 역시 안 되는 놈들은 안 된다. 잘해준 일은 기억 못하고 못해준 일만 기억하는 파렴치한 놈이다.

요즘 들어 이런 생각 많이 한다. 다시 군 생활 하거나 군 입대를 앞둔 친구들이 있다면 쓰레기처럼 행동한 선임들에게 잘 따르고 해서 힘을 얻고 선임이 되었을 때 그렇게 하라고 하고 싶다.

20% 내외를 제외하고 대부분 후임들이 그런 것 같다. 물에서 구해줬더니 봇짐 내놓으라 한다고 구해줄 필요도 없고 용서해줄 필요도 없다. 괘씸한 놈들. 참으로 어리석은 놈들이다.

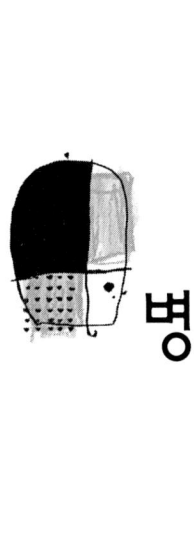 병장  #05

허튼짓

평소와 다름없는 훈련, 하지만 오늘은 좀 달랐다. 허튼짓의 연속이었으니까. 대략 1주일 전 난 훈련지역에 와서 가설작업과 망 개통을 한 후 이 지역에 차량과 장비를 그대로 두고 몸만 철수했다. 그런데 며칠 전 주말에 비바람이 불어서 그랬는지 나무와 전봇대에 공중 가설한 케이블이 떨어져서 다 씹혔으니 다시 케이블 설치를 하라는 명령이 떨어졌다. 나는 주말에 외박 중이어서 다른 후임이 케이블 재설치 작업을 했다.

케이블이 씹혔다고 해서 다른 케이블로 바꿔 설치한 후임병은 훈련을 나오지 않은 상태였고, 케이블 불량인지 모르겠지만 망 개통은 되지 않았다. 여분의 케이블은 없는 상태, 중대장님은 다시 씹혔던 케이블로 가설작업을 하라고 나에게 지시했다. 가설작업을 하다 보니 케이블의 상태를 대강 알 수 있었다. 어이가 없었다.

케이블이 씹히기는커녕 차바퀴에 몇 번 밟혀 그 부분만 조금 상한 상태이고 케이블 연결과 망 상태를 유지하는 데에는 전혀 문제가 없는 상태였던 것이다. 물론 씹히지도 않는 케이블을 씹혔다고(씹혔다는 것은 케이블이 납작하게 눌려 내부가 돌출되고 연결이 안 되는 상태가 아닌가) '다시 깔아라'라고 지시한 중대장의 선임 간부들도 문제지만 중대장씩이나 되는 사람이 융통성을 발휘하지 못하고 200m가 넘는 거리 케이블 가설 작업을 처음부터 다시 시키는 그런 멍텅구리가 어디있냐는 말이다.

케이블이 손상된 것 같으면 일단 장비를 켜서 망 개통이 되는지 안 되는지부터 확인하고, 안 되면 보수를 해서 하고, 그래도 안 될 시 재설치 작업을 해야 하는 것이 아니냐는 말이다. 전시상황에 정신없어 죽겠는데, 200m나 되는 거리를 재작업하다가 총 맞고 죽으려고 처음부터 다시 개설 작업을 하라는 건지?

공중 가설한 부분이 떨어졌으니 그 부분을 다시 가설 하면 되었을 텐데, 간부들이 말한 그 씹힌 케이블로 똑같이 가설작업을 하다니 이게 무슨 일이냐 말이다. 정말 한심하다. 너무 한심하다는 생각뿐이었다. 보통 민간인들도 그 정도는 알 것이다.

이래서 군 생활 힘들다. 윗사람이 똑똑하지 못하고 융통성이 없으면 밑에 사람들도 고생이라는 것. 게다가 오늘은 그 수많은 똑똑한 내 후임들을 내버려두고 그렇지 못한 놈과 훈련을 나와서 나만 개 고생한 꼴이 되었으니 너무 화딱지가 난다. 그래도 금방 제 정신을 차리긴 했는데 간부들 삽질 해대지, 밑에 있는 놈이라고는 말도 지지리도 안 듣지, 군 생활의 고비를 느꼈다.

역시 내가 한 군 생활은 헛것이었다. 지난번에도 이런 일 비슷한 일을 겪긴 했지만, '짬 좀 되고 윗선임들도 별로 없어서 이제 편하게 군 생활 하겠네'라고 생각할 때 되니까 이제는 밑에서 치고 올라온다. 내가 누구한테 잘 보이려고 이렇게 군 생활했는지 모르겠다. 잘해주는 것도 모르고 꼬박꼬박 말대꾸나 하고 대놓고 까분다는 게 느껴진다. 훈련기간이라 총기

휴대를 착용하고 있는 상태였기 때문에 총의 개머리판으로 면상을 갈겨주고 싶었지만, 내 군 생활 늘어날 것이 무서워서 머리가 띵하도록 혈압이 올랐는데도 꾹꾹 눌러 참았다.

　그러고 보면 나는 참는 것만 많이 느는 것 같다. 짬 안 될 때에는 맞아도 참고, 짬 되니까 밑에 놈들 때문에 참고. 우리 부대 인간들 중 절반은 사람이 아니다. 짐승만도 못한, 은혜는 원수로 갚는 배은망덕한 놈들이다. 개중에는 더한 놈들도 있지만. 이제라도 지금보다 더욱 이기적인 마음으로 살기로 서서히 변해야겠다. 귀 막고 입 막고 나의 발전에만 시간과 노력과 물질을 투자하는 김봉주 병장으로 새롭게 태어나도록 할 것이다.

병장이 되다

야! 왜 찍고 그래?

　드디어 내가 전역하는 해가 밝았다. 올해는 무언가 크게 이루는 그러한 한해가 되어야 하는 해이다. D-78. 전역이 얼마 남지 않았고 이제 핑계 댈 것도 없는 나 자신의 모든 언행에 책임을 져야 하는 그런 사람이 된 것이다.
　지금은 너무 시끄럽다. 세상도 그렇고, 부대안도 별로 다를 건 없다. 내 마음도 싱숭생숭한 느낌이 없지 않지만, 절대 동요하지 않겠다. 책임감 있는 사람이 되어야만 한다.
　1, 2학년 때 의미 없이 보냈던 시간들을 뒤로하고 3, 4학년 때에는 학업에만 정진할 수 있는 내가 될 것이다.

　병장이 왜 몸과 마음이 무거운가 했더니 양팔과 왼쪽 가슴, 머리에 벽돌을 4개씩이나 지고 있었기 때문이었던 것이다. 그 중 마음의 무게는 엄청나다. 병사들 중에는 가장 높은 계급에 있다 보니 어딜 가든 책임감이 있어야 한다. 내가 지금 근무하고 있는 파견지에서도 조장으로서 임무를 수행하다보니 별 특이사항이 없지만, 왠지 몸과 마음이 너무 무겁다. 또한 집에 갈 날이 얼마 남지 않았기에 바깥생활을 준비해야 하는 부담감도 있다. 마음의 무게가 이쯤 되면 내가 주체할 수 없을 정도이지 않을까? 또한 낙엽도 조심해야 하는 계급이니 만큼 몸도 사려서 행동해야 한다. 일, 이등병 때에는 한두 명의 선임들이 나를 그렇게 못살게 굴더니 병장 달고 중대 왕 선임이 되니 후임병이 그렇게 나를 갈군다. 성질 같아서는 어디 가둬서 찍소리 못하게 죽도록 패주고 싶은데, 이때까지 참고 군 생활한 내가 불쌍하고, 앞날이 구만리 같이 창창한 내가 이 버러지 같은 인간쓰레기 같은 한두 놈들 때문에 인생 망치고 싶지 않아서 오늘도 참고 또 참는다.

이런 일이 있었다. 이곳은 월, 수, 금 부식이 올라오는데, 올라올 때마다 우유가 두 개씩 올라온다. 개인마다 각자 몫이 있다 보니 우유에 서열 순서대로 기록해 놓아서 자기 서열이 기록되어 있는 우유를 냉장고에서 꺼내 취식하면 되는 체계로 되어 있다. 그런데 나는 어제 저녁식사를 하고 우유를 먹으려고 냉장고를 열었는데, 두 개가 다 없는 것이었다. 여기는 또 간부가 주도해서 우유내기 게임을 일주일에 걸쳐서 한다. 그래서 게임에 흥미도 없고 잘하지도 못하는 나는 매주 우유 하나씩을 덜 먹는다고 보면 된다. 별로 하고 싶지도 않고, 지는 게임을 하다 보니 게임을 할 때마다 스트레스만 받고 짜증만 나도, 간부가 주도하다 보니 토 달고 싶지 않아 그냥 그렇게 지내고 있다.

그런데 우유가 하나도 없다는 것은 누군가 내 우유를 손댔다는 것이다. 지난번에도 두 번씩이나 그런 일이 있었는데 그냥 넘어갔는데, 또 이런 일이 일어났다. 어제 우유가 올라 왔을 때 확인한 병사를 찾아 물어봤다. 어제 하나는 게임 승리자 하나 줬고, 하나는 내 서열을 표시해두었다고 했다. 그때 갑자기 내 머릿속을 스쳐지나간 무언가가 있었는데, 내 바로 밑 후임이 어제 우유 먹는 모습을 봤는데, 오늘 아침에 냉장고를 열었을 때 그놈 우유가 두 개가 있는 것이었다.

혹시나 해서 물어 봤더니, 어제 자기 것을 먹었다고 하는 것이었다. "근데 왜 냉장고에 네 우유가 두 개 있을까?"라고 하니 그제서야 냉장고를 확인하러 가는 것이었다. 그러더니 와서 하는 소리가 분명 자기 것을 먹었다는 것이었다. 모르고 먹었다는 놈한테 뭐라고 할 수도 없고, 물증도 없으니 그 말을 듣는 순간 또 불끈 가슴에서 무언가가 올라왔는데, 또 가슴을 한번 쓸어 내렸다. 젠장! 말년 병장이니까 참았다.

갑자기 위에서 계급에 맞게 정기휴가를 쓰라는 명령이 내려왔다. 나는 병장을 달고도 상병휴가를 아끼고 있었으므로 곧장 써야만 했다.

휴가복귀 후 다시 파견지로 복귀 했다. 내가 이곳에서 원하지 않는 시기에 휴가를 나갔다가 또 바로 복귀한 가장 큰 이유는 시간을 벌기 위해서였다. 다른 것은 모두 포기해도 나에게 있어 지금 시간보다 소중한 것은 없기 때문이다. 전역을 준비할 시간, 밖에 나가서 조금이라도 덜 힘들게 할 수 있는 준비시간이 필요했기 때문에 이곳에 다시 온 것이다. 지금도 지나가고 있는 1초, 1분, 1시간은 내 인생에서 다시 돌이킬 수 없는 시간이다. 그 아까운 시간을 군대에서 소비하고 있는데, 그 시간에 내가 쓸 수 있는 시간이 조금 더 많은 곳이 있다면, 다른 것을 잃는다고 해도 내 자유시간이 조금 더 보장 된다면 나의 선택은 올바른 것이라고 생각된다. 이 선택에 있어 절대 후회하지 않는다. 다만 한 가지 내 군 생활은 왜 이리 호락호락 하지 않고 병장 때도 이렇게 힘이 든 건지 알 수가 없다.

No pain, No gain 고통과 참음 뒤에는 뭔가 값지고 기쁜 것들이 날 기다리고 있을 거라고 난 믿는다.

역시 미꾸라지 한, 두 마리가 온 인물을 다 흐리는 것이다. 일, 이등병 때에는 한두 명의 선임이 날 그리 못살게 만들고, 그것이 선임들을 다 싫게 만들고, 선임이 되어서는 한두 명의 후임들이 나에게 상처를 주고, 나의 마음에 아랫놈들에게 잘해줄 필요가 없다는 마음을 갖게 만들었다.

나는 이 상황에서도 뭔가 할 수 없었다. 그냥 참았을 뿐이다. 일을 크게 만들고 싶지 않았다. 내가 까발린다고 해서 고쳐 질수 없고, 나만 이리저리 불려 다니느라 귀찮아질 뿐이니까. 이들을 용서하고 싶고 자비를 베풀고 싶다. 그런데 그게 잘 안 된다. 입으로는 용서했는데, 가슴 깊은 곳에서 뭔가가 허락지 않는다. 용서를 했는데, 꺼림칙한 게 100% 개운하지가 않다.

교회에 가서 하나님과 만나면 개운해지려나 모르겠다. 독을 담은 항아리는 깨질 수밖에 없는데, 빨리 내 안에 있는 그릇된 마음을 하루 빨리 뱉어내고 싶다.

오늘 드디어 내 마지막 선임이 전역을 한다. 내가 처음 이등병 계급을 달고 중대에 왔을 때 내 위로 100명도 넘게 있었는데 그 많은 선임들을 이제야 다 보냈다. 중대 왕 선임이면 말년 병장이라는 소리 들을 만도 한 거겠지? 훗! 벌써부터 시원섭섭하다. 100명이 넘는 인물을 전역시키면서 부러움과 나의 남은 군 생활 생각에 까마득한 마음만 가득했었는데 나도 곧 그 부러움과 까마득함의 대상이 되겠지. 사회생활이 좀 두려운 마음도 없지는 않지만 빨리 전역하고 싶은 마음은 지금도 굴뚝만큼 크다.

나는 2년 동안의 군 생활 동안 타부대로 정식파견을 두 번 갔었다. 한번은 3개월, 또 한 번은 2개월. 한번은 파견조의 선임으로 한번은 후임으로 갔었는데, 두 번 모두 쉽지는 않은 것 같다. 나보다 선임이 많을 경우 몸으로 뛰어다니며 해야 할 일이 너무 많다. 선임들의 잡 심부름을 시작으로 온갖 청소부터, 간부들이 시키는 작업 등 두 번째 파견 때에는 파견지 조장으로 갔는데, 몸은 편한 대신 뭔가 부담이 되는 부분이 있었다.

통신파견이다보니 통신망 관리에 신경이 안 쓰일 수가 없었다. 특히 눈이나 비가 오거나 특히 바람이 세게 불 때면 안테나가 쓰러지지는 않을까 안절부절 못하는 건 기본이고 잠까지 설칠 때도 가끔 있기도 했다. 몇 년 전에 나보다 한참 높은 선임이 이곳에서 통신장비 관리를 잘못해서 장비를 부숴먹은 선례가 있기도 했기 때문에 왠지 모르게 신경이 많이 쓰였던 것 같다. 별것도 아니고 아무 일도 없을 걸로 아는데, 혹시나 하는 마음과, 조원들 관리 등 내가 책임져야 하는 부분이 있었기 때문에 신경이 많이 쓰였던 것 같다.

간부들은 얼마나 많이 신경이 쓰일까? 자신이 원하지도 않는 곳에 와서 고생하는 병사들 통제하기가 쉽지 많은 않을 것이다. 특히 군인들이 있는 곳엔 언제나 총기와 탄약이 있기 때문에 조금만 방심하거나 나쁜 마음을 가진 병사가 있다면 자칫 큰 사고로 일어날 수도 있기 때문에 더욱 그러하다.

이런 환경이니 군 생활은 언제까지도 완전히 편할 순 없는 것 같다. 또한 밖에서 일어난 사고와 부대 안에서 일어난 사건이 비슷한 유형일지라도 부대 안에서 일어난 사고는 더욱 가중한 처벌을 받기 때문이다. 특히 별것도 아니라고 생각하는 일들이 보안사고로 이어질 수도 있으므로 각별히 유의해야만 한다. 무서운 곳이다.

뜨거운 승부욕

유격훈련을 지휘했던 교관과 조교들의 모습

키가 크도록 잘 낳아 잘 길러주신 부모님께 감사하는 날이었다.
난 이곳에 와서 주로 자유시간엔 공부를 한다. 특히 일과가 끝나는 시간 무렵에 그 공부는 본격적으로 시작된다. 그런데 소대장님이 운동을 좀 더 하자고 하셔서 썩 내키지는 않았지만 할 수밖에 없었다. 왜냐면 지금 내가 있는 곳의 인원은 간부 1명에 병사 11명 거기서 근무자를 빼면 6명 정도밖에 안 나온다. 그렇기 때문에 모두 다 해야 하는 상황이었다. 오랜만에 하는 거니까 열심히 해서 이기려는 마음만이 가득했다. 족구는 15점씩 2세트와 21점의 3세트, 첫 세트는 손쉽게 이겼는데 2세트는 졌다. 마지막 3세트, 손쉬운 리드는 아니었지만 우리 군대 팀은 계속 리드를 이어가면서 승리를 이어갔다. 최종 2-1세트 스코어로 승리했다. 족구라는 게임이 운동 중에는 칼로리 소비량이 그리 많은 것 같지 않았다. 긴장감은 좀 있지만 땀은 나지 않았다. 좀 허전해서 축구를 할까 농구를 할까 고민하던 중 전후반 합해 10점 내기로 농구를 하기로 결정하고 시작했다.
전반 스코어 5-2로 지고 있는 상황에서 우리 공격으로 후반전을 시작했다. 나를 제외하고는 키가 다 비슷비슷해서 후반에는 내가 골밑에서 리바운드만 하기로 작전을 바꿨다. 작전은 적중했다. 외곽에서 우리 팀 두 명이 번갈아 가며 슛을 쐈고, 내가 많은 공중 볼을 차지해서 다시 그들에게 패스했다. 전반이 끝날 때까지만 해도 '농구는 우리가 안 되나 보다' 했는데, 내가 후임들을 독려하고 계속 파이팅하고, 힘내라고 하고, 긴장 늦추지 말라고 하니 후임들도 잘 따라와 준 것 같다. 솔직히 실력은 상대편보다 그리 좋지는 않았지만 끝없는 파이팅과 투혼으로 끝까지 승리를 이끌어 낸 것 같다. 최종 스코어 10-9 승리. 정말 쉽지 않은 승부였고, 오랜만에 운동 같은 운동을 한 듯한 느낌이 들었다.

역시 승부는 힘들게 이루어 내야 맛이 좋은 것 같다. 쉽게 이기는 것보다 어렵게 이기는 것이 더 재미 있고, 지고 있던 상황에서 역전승이 더욱 더 짜릿한 것이었다.

또 한 가지 놀라웠던 건 내가 5명들보다 최소 5cm 이상씩 키가 컸기 때문에 리바운드에서 굉장히 유리했던 것 같다. 이렇게 남들보다 키가 크게 만들어 주신 부모님 생각이 물씬 났다. 마음가짐이 중요하다는 것을 오늘 운동을 하면서 또 느꼈다. 운동한 것을 후회하지 않는다. 이런 느낌을 쉽게 가질 수 없을 텐데 너무 기뻤다. 공부도 열심히 해서 모두 역전승 해버려야겠다.

"파이팅, 파이팅, 아직 안 끝났어, 긴장 늦추지 마. 이길 수 있어, 끝까지 파이팅이다!"

내가 경기 중에 팀 동료들을 독려하기 위해 했던 말들…. 부족하고 뒤처진 상황에서도 끝까지 포기 하지 않고, Fighting! 했기에 끝내 짜릿하게 승리할 수 있었다.

군수물품 사적 유용

 그릇된 길도 여럿이 그 길을 가버리면 올바른 길을 가는 사람이 자칫 이상하게 보일 수 있다. 오늘부터 혹한기 A조가 시작되었다. 나는 파견지에 있으므로 B조, 나와 함께 생활하는 파견지 조원들은 나포함 총 4명. 우리는 A조 훈련이 끝나고 B조 훈련을 바로 받기 때문에 자칫하면 혹한기 훈련에 가장 중요하고 필요한 핫팩을 못 살 수도 있다. 시간도 여유롭지 않고 훈련이 시작하기 바로 직전에는 물량이 남아 있지 않을 수도 있기 때문이다.

 그래서 좀 여유 있는 후임이 핫팩을 미리 사놓겠다고 연락이 왔다. 하지만 나 이외에 다른 조원들은 셋 다 모두 시큰둥. 이유인즉, 이곳 파견지에 경계근무에 사용하라고 보급된 핫팩을 가져가겠다는 것이다. 이곳에 있는 물량이 넉넉하기에 몇 box 없어진다고 해도 티가 나지는 않겠지만, 과연 이게 올바른 행동일까?

 한 후임에게 핫팩 챙겼냐고 물어봤다. 벌써 한 box 챙겨 놓았다고 했다. '네가 그 핫팩들을 챙기기 전에 여기 책임자인 중대소장님과 타 부대 병사들이 보는 앞에서 당당하게 가져다 챙길 수 있냐고' 그건 아니라고 했다.

자신도 뭔가 꺼림칙한 것이 확실하다. 4명 중 나를 빼고는 나머지들도 분명 이런 느낌을 가지고 있을 것이다. 뭔가 개운치 않은 느낌, 난 이 느낌이 싫어 서 그냥 5,000원을 주고 한 상자 사버렸다. 너무 지저분한 집단인 것 같다는 것을 훈련소 때부터 느꼈지만, 다시 한 번 상기하게 되어서 별로 기분이 좋지 않다.

군대와 세상, 이 모든 곳은 너무 총처럼 차고 무섭다. 서로를 헐뜯고, 경쟁하여 내가 밟히지 않으려면 밟아야 하는 곳. '군대에서는 서로 안하려 하고, 피하려 하고, 밖에서는 피터지게 해야만 하지만 군대에서는 그럴 필요가 없다' 는 동기의 말 100% 공감이다. 군대는 잘해도 그만 못해도 그만인 것 같다. 물론 잘하면 못하는 사람보다 포상휴가를 한두 번 더 나갈 수 있겠지만, 그것으로는 위로가 되지 못한다.

뭔가 부족하다. 더 빨리 전역하는 것도 아니고, 월급을 더 주는 것도 아니고, 잠깐 스쳐가는 인연들인데, 그들에게 인정받으면 뭘 하고 인정 못받으면 뭐하나. 하지만 내가 내 주특기를 하지 않을 수 없었던 건 못하면 후임들 보는 눈에 부끄러워서였다.

몇몇 선임들은 훈련도 거의 안하고 전역하는 선임들도 봤다. 그때 후임된 입장으로 좋아 보이지 않았고, 남자가 좀 부끄럽다는 생각이 들어서 어느 정도 욕을 먹으면서까지 배웠던 것 같다. 이제 후임들도 인정하지 않고 무시해버리는 말년 병장이 되어서인지 뭐든 다 귀찮다. 다시 2006년으로 돌아가 쉼 없이 훈련을 하라면 절대 다시 못할 것 같다.

군대는 잠깐 쉬어가는 곳이다. 세상에 있을 때처럼 피터지게 할 필요도 없고 남들 하는 만큼만 하고, 눈에 나지 않을 만큼만 하면서 자기가 취할 수 있는 이익을 취하고, 사회에 나가서 도움이 될 만한 일들을 하면 되는 그런 쉼터. 먼저 전역한 친구들이 지금이 좋을 때라고 그랬다. 밖에 나와 보라고, 얼마나 더 힘든지.

군대에 있을 땐 핑계거리가 된다. 휴가나 외박 혹은 기타 출타 시에 밖에 있는 사람들에게 군인이라고 하면 남들이 고생한다고 말을 해준다. 그것만 해도 어디인가. 군인이라면 적어도 국방의 의무를 지키고 있는 건장한 남아 중의 남아라는 소리이다. 그걸 모두가 인정하는데, 그런 멋진 직업을 잠깐 가지고 있음에도 불구하고, 그 틈에 자기 계발까지 한다면 금상첨화일 것이다. 분명히 말할 수 있다. 내가 이 직업을 가지고 평생을 살아간다면 목숨 바쳐 피가 터질 때까지 열심히 하겠지만, 그게 아니기 때문에 그렇게 까지는 하지 않았다고, 내가 할 일은 이곳이 아닌 밖에 있기 때문이다. 밖에 가면 정말 열심히 살아야지, 지금도 역시.

세상은 넓고 사람도 많다

선임 전역하는 게 그리도 싫으냐?

　어느 정도 선임병이 되었을 때부터 대인관계에 관심이 생기기 시작했다. 특히 군 생활의 장점중이 하나인 나와 사회에서 한 번도 만난 적이 없는 각계각층의 또래들을 만날 수 있다는 것을 십분 활용하기 위해서였다.
　요즘 들어오는 신병들을 보면 좀 평범하지 않는다는 생각이 든다. 아버지의 직업이 치과의사, 외교관, 무궁화 4개짜리 호텔 사장님, 핸드폰 조립 업체사장 월 3000만원을 버는 부잣집의 아들들. 총망 받고 높은 곳에 있는 분들의 아들들이 속속 보이고 있는 것이다. 내가 후임 때에는 어떠한 선임들이 어떻게 살았는지 잘 알 수는 없었지만, 대부분 평범했던 것으로 기억한다. 일반 회사원, 공무원, 개인 사업을 하는 그런 사람들이었고, 밖에서 하던 일도 평범하거나 인지도 별로 없는 4년제 대학이나 전문대학에 다니는 병사들이 많았는데, 요즘에는 누구에게 말해도 일류라고 칭송(?)받는 대학에 다니는 애들도 속속 들어오는 모습이다. 우리 부대가 좋은 부대이긴 하지만, 신기했다. 내가 그런 애들과 대화를 할 수 있다는 것 그 자체가. 외국에서 오랜 시간 살다온 애는 미국국적을 포기하고 군대에 왔다고 한다. 대화를 나누어 보니 자신이 원해서 온 것이 아닌 것은 확실해 보였다.

어느 순간부터였는지 모르지만 나는 장기를 하면 그리 쉽게 지는 상대는 아니었고, 상대가 나보다 나이가 한참 많은 사람일지라도 잘 지지 않았다.

학창시절 인터넷 장기 보드게임에 미쳐서 공부도 잘 안하고 많은 시간을 이 게임에 투자한 탓도 있지만 내가 이 게임에 많은 흥미를 느꼈기 때문이라고도 생각이 된다. 그런데 오늘 제대로 된 상대를 만났다. 다른 후임들이 장기를 두는데 옆에서 계속 훈수만 두기에, 라면 내기 장기 한판 두자고. 내 상대는 자만하지 않았던 것인지 처음에는 머뭇거리다가 한판 하자고 했다.

첫판을 너무 허무하게 무너졌다. 한수를 잘못 둬 상대 차를 궁 안으로 끌어들이게 되어 거의 전체가 무너지게 된 것이다. 두 번째 판도 큰 힘을 써보지도 못하고 졌다.

오랜만에 장기를 해서 인지 모르겠지만 수가 눈에 들어오질 않았다. 너무 어처구니없이 두 판을 지고 라면 두 개를 사줬다. 2,000원을 잃었지만, 난 이 게임을 통해 더 큰 것을 얻었다고 생각한다. 다른 사람과의 전적만을 믿고 내 나이 또래에는 넘을 상대가 없을 거라고 생각한 내 자신이 너무 한심스럽다고 크게 느낀 것이다. 너무 나를 믿고 자만심에 빠져 있었다. 다른 일도 마찬가지 일 것이다. 난 모든 일을 할 때 자신감에 차 있다고 생각하고 일을 하지만, 반면에 일에 적응이 되어버리면 자만심에 빠져버린다는 것이다.

내가 고쳐야 할 것 중 하나를 크게 다시 배웠다. 세상은 넓고 사람도 많은데 그것도 모르고 까불다니, 내가 너무 어리석었다. 자만하지 말고 겸손한 마음을 가져야겠다. 항상 익을수록 고개를 숙이는 벼처럼.

군 생활이여, 안녕!

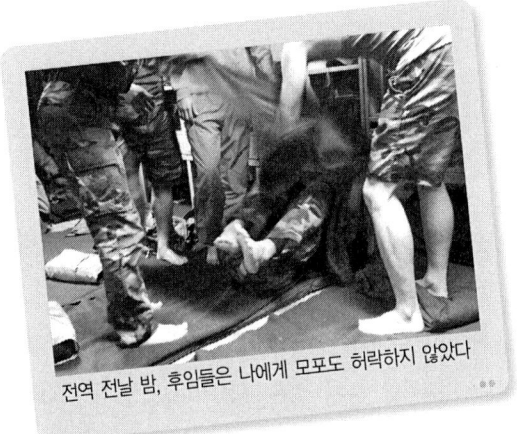
전역 전날 밤, 후임들은 나에게 모포도 허락하지 않았다

 이제 그토록 그리던 집에 갈 수 있는 날이 왔다. 마지막 정기 휴가를 나와서는 학교에 복학 하느라 정신없었고, 열흘 동안 밖에 있으면 그 전에 했던 군 생활은 모두 잃어버리기 때문에 나는 벌써 민간인이 되어버린 것 같다. 정말 꿈만 같다. 너무 너무 기쁘고, 감사의 마음이 든다.

 무언가 해냈다는 것, 무언가 얻었다는 것, 이제 끝났다는 것밖에 아무 것도 생각나지 않는다. 군대가 변하는 과도기에 내가 있었던 것 같다. 오래 군 생활을 한 것은 아니었지만, 내가 이등병 때와 전역하기 전과는 너무나도 확연한 차이가 있다.

 아쉬움이 남는 한 가지 있다면 내가 100명이 넘는 내 선임을 보내면서 전역자를 중심으로 중대원들이 축하해주며 사진을 찍었었는데 그 대접은 받지 못했다는 것이다. 하필 내가 전역하는 주에 큰 전술훈련이 있었고, 간부들도 신경써주지 못하는 상황이었다.

 또 격변하는 부대 내에서의 비정상적인 전역축하 행위의 마지막 희생자는 아마 내가 되지 않았을까 하는 생각이다. 보통 훈련기간에는 피로도 쌓이고, 신경이 날카로워지는 것은 간부뿐만 아니라 병사들도 마찬가지이다. 그 때문이었는지 아니면 평소 나에게 좋지 않은 감정을 가진 후임병들이 많았는지 취침시간 전에 난 '밟혔다'.

솔직히 많이 서운하게 하지도 않았던 것 같고, 맞을 일을 한 적도 없는 것 같은데 이렇게 당하니까 기분은 더러웠다. 훈련기간이라 스트레스를 나에게 푼 것이었나?

이런 행위도 군대의 추억일지라 스스로 위안을 삼아본다. 나는 군대라는 집단이 특수한 집단인 만큼 변하지 않았으면 하는 바람도 조금은 가져본다. 변하는 과정에 피해를 보는 부류는 분명 생기고, 무엇이 변하든 변하는 것이 모두 옳은 것이라는 생각을 하지 않기 때문이다. 군인은 민간인과 다르다. 같을 수 없고, 같아서도 안 된다. 약해서는 안 된다. 모두들 이곳에서 강해져서 나갔으면 좋겠다.

난 나간다. 이놈들아 잘살아라. 지긋지긋한 군 생활이여 이제 안녕.

전역 날 아침. 6시에 전투준비태세가 걸렸다. 모두 위장을 하고 군장을 싸는데, 나는 중대 간부들에게 인사를 하고, 아름다운 마무리를 하며 막사를 빠져나왔다.

시원하다, 이제 난 자유인이다. 위병소를 한 번 뒤돌아보며 다시는 오지 않을 이곳에 홀로 안녕을 고한다. 아자!

더하기 #06

공공의 적, 간부

나의 사랑을 듬뿍 받았던 훈련차량과 함께

병사들의 기본적인 욕구를 충족시켜주지 못한 예가 많다. 내가 말하고자 하는 욕구는 다른 무엇도 아닌 식욕이다.

우리 병사들은 대부분 혈기 왕성한 20대 초반의 젊은이들이다. 한창 힘쓸 나이고 잘 먹을 때라는 것이다. 삼시세끼 다 먹고도 돌아서면 배고픈 나이인데, 그 삼시 세끼도 못 먹을 때가 간혹 있다. 아침밥을 먹고 훈련을 나갔는데, 점심, 저녁 굶기고, 빵 한 쪼가리 사주는 간부가 있는가 하면 어제 우리 쪽 반대쪽으로 출동 나간 팀은 저녁식사도 하지 못한 채 8시쯤 부대에 복귀하여 라면으로 끼니를 때웠다.

도중 병사들끼리 돈을 모아 과자류를 사먹었다고 했는데, 동행한 간부는 돈이 없다고 한 푼도 안 냈다고 한다. 다행히 우리 팀은 7시가 조금 넘은 시각에 부대에 도착하여 물론 좀 식고 파리가 날리는 밥이었지만 끼니를 해결할 수는 있었다. 예전에는 훈련을 나가서 망 개통을 못 보면 '밥을 안 먹고 할 수도 있지 뭐, 우리가 해야 될 일을 아직 다 못한 것이니까' 이렇게 생각했는데, 지금은 전혀 아니다. 분명 훈련 나가는 인원은 주특기 별로 두 명 이상이기 때문에 밥 교대쯤은 할 수 있고, 통신망이라는 게 우리 측은 전혀 아무 이상 없는데 상대측에서 문제가 생기면 개통이 안 되는 경우가 자주 있기 때문이다.

그렇다고 해서 밥을 안 먹고 둘이서 머리 싸매고 이것저것 해봤자 될 일도 아니고, 여유를 가지고 해도 될 일이라는 거다. 밥 먹는데 하루 종일 걸리는 일도 아니니까.

짬 좀 먹었다 싶은 간부들은 더 높은 간부들에게 욕먹기 싫어서 인지, 진급 때문인지는 몰라도 밑에 사람들 갈구기 바쁜 사람들 같다. 망만 잘 봤으면 됐지 뭐 그리 제반 사항이 많은지, 뭐 잘못했다, 뭐 잘못했다, 이유라도 될라치면 어디서 말대꾸냐 등등 아랫사람들 못살게 굴기 바쁘다. 물론 영관급 늙으신 분이 내 교환대로 전화해서 직접 갈굼을 당한 경우도 있기는 하다. 나에게 작은 잘못이 있더라도 크게 부풀리고, 책임을 남에게 돌리는 건 애나 어른이나 매 한가지인 것 같다.

추석이 길었던 해였다. 긴 연휴동안 우리 연로하신 통신단장님께서는 병사들 연휴동안 심심하지 말라고 단 체육대회를 계획하셨다. 덕분에 체육대회 참가를 하는 병사건 하지 않는 병사건 마치 일과를 뛰는 것처럼 여러 경기에 불려 다니며 응원을 하게 되었다.

또한 우승의 열의에 가득차신 우리 행보관님(상사)께서는 추석기간 때 말년정기(3차 병장정기)휴가를 제외하고 2차 정기, 외박, 외출 등 출타를 모두 통제해 버리셨다. 그렇다고 우리 중대가 우승을 하였느냐? 우승은커녕 준우승도 못했다. 추석 때 친, 인척들과 약속을 하고 인사드리며 즐겁게 추석연휴를 보내려 했다. 나를 포함한 선, 후임들의 계획은 산산조각이 나버렸다. 벌써 3번째 맞는 우리의 대명절을 군에서 보냈다. 작년 추석 때에는 후임병의 소원수리로 통제를 당했었는데, 명절에 나갈 운이 잘 따라

주지 않는다. 하지만 난 또 내년 설에는 꼭 휴가를 나가보기로 계획했다.

후반기 체육대회를 모두 끝마친 오후 조촐한 회식이 있었다. 그때에도 역시 중대장들의 윗사람들에 대한 아첨은 끝나지 않았다. 중대장이 선창하면 따라 선창하라고 병사들에게 지시 후 '단장님 파이팅×3'을 외치게 하며 건배도 했다. 많은 술은 아니었지만 막걸리 두 잔씩 정도 마실 수 있는 양의 술이 배분되었다.

식당에서 술까지 마신 후 군대 막사로 복귀한 시간이 대략 3시. 민원 파악을 한다고 3시 10분까지 씻고 내무실(생활관)에 대기하라는 지시였다. 말이 10분이지 어떻게 10분 안에 모든 병력이 씻고 내무실에 대기할 수 있느냐 말이다. 나는 애시당초 샤워는 포기하고 양치질만 하고 내무실로 들어왔다. 그 시간이 35시 9분가량이었다. 3시 10분이 되자 소대장은 내무실에 들어와서 인원파악을 하기 시작했고, 전 인원이 내무실에 집합 할 수는 없었다. 그걸 보고서는 막 화를 내는 것이었다. 10분까지 인원파악을 해 놓고 대기하라고 했는데 왜 이 인원밖에 없냐면서, 선임병들을 싸잡아서 다그쳤다. 나도 화가 났다. 어처구니없는 지시를 한 간부에게도 화가 났지만, 시간이 넉넉하지 않음에도 불구하고 여유롭게 15분이 넘어서 샤워까지 끝마치고 내무실로 들어오는 후임들의 모습을 봤을 때 어떻게 화를 내지 않을 수 있다는 말인가. 정말 참을 수가 없었다. 제한된 시간보다 늦게 들어온 후임들에게 우리도(선임들) 어쩔 수 없다고 설명을 했다.

간부들이 대놓고 우리를 이렇게 갈구는데, 너희들 때문에 욕먹는 우리의 마음은 편하겠냐면서 후임들을 이해시켰다.

정말 어이없는 지시였다. 도대체 씻으라는 건지 말라는 건지 아예 그런 지시를 하지 않는 게 옳은 것이 아니었을까하는 생각이다.

파견지를 교체하는 날, 타 파견지를 들렀다 가는 중이어서 식판이 여유롭지 않아 교대로 밥을 먹어야 하는 상황이었다. 그때에 교체간부에 나에게 하는 말. "넌 파견지에 가서 밥 먹어라." 이 말을 들었으면 밥도 못 먹을 뻔했다. 상부에서는 병사들 밥 잘 챙겨 먹이라고 지시가 내려오는데, 힘도 별로 없는 간부의 생각 없는 언행에 병사들은 굶을 수도 있었다. 하지만, 난 입바른 말 잘 하는 타입이라, 그날도 "파견지에 가면 때가 지날 것 같아 먹을 수 없을 것 같습니다." 라고 말해서 겨우 내 몫을 챙겨먹을 수가 있었다. 아니나 다를까 파견지에 도착했을 때에는 3시가 다 되어가는 시각. 밥이 있을 리가 없었다.

새롭게 부사관이나 장교로 군 생활을 시작하는 사람도 매우 많다. 그들은 자대배치 즉, 새롭게 보직을 가지고 복무하는 순간부터 꽤 높은 계급을 가지고 군 생활을 시작한다. 하지만 그렇다고 해서 계급이 높은 만큼 주특기를 더 많이 알고, 잘하는 건 아니다. 아무리 병사들보다 주특기 교육을 오래 받고, 사회에 있을 때 공부를 좀 했던 초임간부들도, 야전에서 1년 이상 훈련을 하고 맞 선임들에게 스파르타식의 갈굼 속에서 교육을 받은 상, 병장들보다 실력이 더 나은 간부들은 그리 많지 않을 것이다.

문제는 초임간부들의 자세이다. 병사들도 간부도 많은 경험이 없다면 모를 수도 있다는 것을 다들 이해한다. 하지만 모르면 한 템포 자신을 낮추어 병사들에게도 여러 가지를 배우려는 간부가 있는가하면 제대로 알지도 못하면서 나서서 일을 그르치는 간부가 한 둘이 아니다.

나는 통신병으로서 꽤 많은 장비를 다뤘다. 이 장비들은 가짓수도 가짓수이지만, 켜고 끄는 순서도 있었고, 어느 한 장비는 일반 컴퓨터처럼(시스템 종료 할때처럼) 어느 정도의 시간이 필요한 장비도 있었다.

어느 훈련 마칠 때 즈음이었다. 나는 장비를 차례차례 배운 순서대로 끄고 있는데, 초임간부는 옆에 와서 도와준다는 셈치고 섣불리 임의대로 다른 장비들을 꺼버리는 경우가 심심치 않게 발생한다. 절차를 거치지 않으면 당연히 장비 수명은 줄어들 수밖에 없는 것인데 참 생각이 없다. 모르면 물어보고 하던가 해야 할 텐데 꼴에 멋도 없는 자존심으로 물어보지도 않는다. 괜히 아는 체 하면서 '이렇게 하면 되겠지' 지레 짐작하고 꺼버린 것이겠지.

발전기를 끌 때도 장비가 모두 꺼져있는지 확인하고 꺼야 하는데, 그것은 확인하지도 않고 그냥 꺼버리는 경우는 흔히 본다. 이런 작은 사고 하나하나가 시간이 지나 결정적인 훈련 순간에 장비가 오작동을 일으킬 수 있는 것인데 말이다. 만약 간부가 아니라 훈련 경험이 부족한 일, 이등병이 이런 일을 저질렀다면 욕을 바가지로 얻어먹어도 할 말이 없는 상황이다.

간부라고 다 잘하는 것은 아니다. 아무리 장교, 부사관 간부 양성교육을 오래 받고 리더십 교육을 많이 받았다고 해도 실전, 야전 경험이 많은 상, 병장들에게 분명 배울 것들이 있고, 고개를 조아릴 줄도 알아야 윗사람으로서 대접을 받을 수 있는 게 아닌가 싶은 생각이다. 괜히 잘 알지도 못하면서 아는 척하다가 일을 그르치는 간부들 정말 수도 없이 많다. 내 주위에만 해도 몇몇 보이니까. 소위 말해 짬밥이 안 되고 계급이 낮은 일, 이병들은 섣불리 장비를 만지거나 하는 일은 없는데, 간부들은 '빛 좋은 개살구'라고 실속은 없으면서 계급만 높아가지고 자기가 뭐라도 되는 양 섣불리 행동하며 사고만 치고 다니냐는 말이다.

그렇게 일, 이병이 행동하다 걸리면 개갈굼은 말할 필요도 없는데, 간부들이 일을 벌이면 병사들 중 아무리 높은 말년 병장이라도 뭐라고 할 수 없으니 어찌 통탄하지 않을 수 있냐 말이다.

상, 병장들이 왜 이런 일에 예민할 수밖에 없냐면, 아까도 언급했듯이 저런 일이 반복되면 어느 순간 장비점검을 했을 때, 장비가 제대로 작동하지 않을 때가 있다. 장비가 고장 나면 정비고에 맡기면 그만이다. 하지만 그렇게 아무 말 없이 그렇게 일이 잘 끝나면 얼마나 좋겠는가. 훈련을 앞두고 그런 일이 일어나면 중대 간부들에게 일단 장비관리를 어떻게 했냐면서 1차적으로 욕을 먹게 된다. 거기서 끝나는 게 아니다. 정비실에 가면 그쪽 간부들에게도 욕을 먹게 된다. 그럼 죄 없는 주특기 선임들(상, 병장)만 힘들어지는 것이다. 나도 여러 번 이런 일들을 겪어봤다. 정말 화난다.

벼는 익을수록 고개를 숙인다는데, 병사들보다 위에 있는 몇몇의 하사, 소위님들은 아직 덜 익으셨는지, 뭔가 많이 익으신 줄로 착각하시고 날아다니신다. 이런 행동을 빈번하게 하게 되면 병사들의 무시를 사게 되는 것이다.

또 훈련 나가서 제대로 알지 못하면서 이것저것 막 지시하시는 것들을 보다보면 다 명령에 따라하지만 정말 이건 아니라고 느끼는 것들이 종종 있다. 그래도 끝까지 우기면서 명령조로 하다가 지난 번 훈련에도 이곳에서 똑같이 이렇게 했다고 말하면 그때서야 꼬리를 내리고 '그래? 그럼 그렇게 해' 한다.

'선무당이 사람 잡는다' 는 옛말 그른 것 하나 없다. 계급이 높더라도 자신이 부족한 것을 인정하고 자신보다 낮은 위치에 있는 병사들을 배려하고 배우려는 모습을 보여준다면 병사들도 친절하게 간부들에게 가르침을 줄 것이다. 군 생활을 어느 정도 하다보면 그 정도의 여유는 생기는 법이니까. 군대의 장비가 모두 고가의 장비로 이뤄져 있는 만큼 불필요한 고장으로 생기는 병력과 재원의 낭비는 최소화 시키는 것이 국방비를 한 푼이라도 아끼는 길이 아닐까 생각해 본다.

기본적인 것부터 달라져야 한다고 생각한다. 병사들이라도 존중해 줘야 하고, 기본적인 예의는 지켜져야 한다. 얼마 전 은행자동화기기에 출금도 하고 통장잔액도 확인할 겸 간 적이 있었다.

나보다 먼저 와서 옆 중대 간부 한명이 기계를 먼저 사용하고 있었고, 난 바로 그 뒤에 섰다. 그런데 잠시 후 나보다 한참 높으신 간부(소령)님이 와서 자신은 1분 만에 끝낼 테니, 자신이 먼저 쓰겠다고 했다. 그렇게 높으신 분이 말씀하시는데 내가 무슨 반박을 하겠나. '예' 라고 대답했지, 결과적으로 높은 간부님은 빨리 사용해서 기분이 그리 나쁘지는 않았지만, 대부분의 간부들이 병사를 무시하고 질서를 지키지 않는 것에 대해서는 꼭! 한소리 하고 넘어가고 싶다. 이번일은 내가 급한 일도 아니었고, 그냥 양보하는 셈 친다고 생각했지만 PX 같은 경우에서는 좀 다르다. 줄이 10m도 넘게 서있는 병사들을 제치고, 완전 무시하고 자신의 볼일을 보는 간부들 말이다. 군 생활은 얼마하지 않은, 임관하지 얼마 되지 않은 초임 하사나 소위들은 많이 그렇지는 않지만, 중사 이상, 대위 이상 되시는 분들이 PX에서 길게 늘어선 줄을 보고도 자신의 차례를 지키는 간부를 '본적이 있었나' 싶다. 간부들만 바쁘고 병사들은 바쁘지 않나? 다 같이 군 생활하고, 월급도 훨씬 많이 받으시는 분들이 왜들 그러시는지 모르겠다. 솔직히 내가 군 생활해보니 군인은 바쁜 날이 많이 없다고 하는 편이 맞다. 물론 간부생활은 안 해봐서 잘 모를 수도 있겠지만, 특별한 상황이나 훈련 상황을 제외하고 없는 것 같다. 자신의 일도 병사들에게 미루는 간부들도 많이 봤기 때문이다.

브리핑이나 프리젠테이션 등을 병사에게 부탁해서 아님 명령조로 하는 간부들. 짬 되는 간부들 중 몇몇은 후임간부에게 작업 지시해 놓고 일과시간에 잠자는 간부도 봤다. 진급 걱정을 한다면 상황은 달라지겠지만 별 부담도 없고 철 밥통이니 군 생활은 사회생활에 비해 너무 편한 생활인 것 같다.

단체 생활에서는 내가 원하지 않는 활동도 꼭 참여해야 한다. 그렇지 않으면 욕도 먹고 눈치도 보인다. 그것도 아주 심하게. 사회에서도 마찬가지지만 군 생활을 시작한지 얼마 안 되는 간부들은 높은 사람들에게 잘 보여야 한다. 그러려면 하기 싫은 축구도 지휘관이 하자고 하면 매일같이 해야하고, 지휘관이 술을 마시자고 하면 매일같이 술도 마셔줘야 한다.

　하기 싫은 사람한테는 이런 일들이 얼마나 고역일까? 어떤 짬만 많이 드시고, 개념 없으신 간부님은 후임들 불러다 놓고, 술 마신 다음 아랫사람들에게 술 값 내라고 하는 경우도 있다고 들었다. 윗사람이고, 자신이 불렀으면 자신이 사야지 아랫사람들한테 부담을 주는 건 또 무슨 심보일까? 짬 안 되는 간부들 월급 얼마나 받는지 뻔히 아실 텐데 그들을 생각하면 참 안타깝다.

　"군대에서는 편하게 경계근무 서다가 걸리지 않으면 된다." 어느 간부의 말이다. 도둑질을 해도 안 걸리면 장땡이고 경계근무를 불량하게 서도 안 걸리면 장땡이라는 것인데 윗사람이 아랫사람에게 꾸중할 때에는 그 자신부터 모범을 보여야 한다고 생각한다. 자신이 모범이 되지 못하면서 아랫사람들에게 모범이 되라는 것은 이치에 어긋나는 처사이다. 또한 등잔 밑이 어둡다고 자신은 잘하면서 바로 밑에 있는 간부는 제대로 못함에도 신경 못쓰고 병사들만 다그치는 모습을 보았을 때에도 안타깝다는 생각뿐이다.

　예를 들면, 안면 위장을 함에 있어 자신은 피부색을 전혀 볼 수 없도록 위장을 잘했는데, 제대로 하지 않은 다른 간부들은 신경도 안 쓰고 병사들만 지적한다. 병사들만 있는 곳에서 간부들에게 꾸중을 주기 싫다면 병사들을 지적할 때 모범이 되지 않는 간부들은 그 자리에 있어서는 안 된다. 병사들이 뭐라고 생각하겠는가?

알고가자, 군대!

하늘과 함께 하고 싶었던 나

▶ 분실사고

군 생활 2년 한 사람치곤 자신의 물건을 도둑맞지 않은 사람은 드물 것이다. 특히 군용물품 분실 죄는 형량이 크기 때문에 각별히 주의해야만 한다. 작게는 속옷, 양말, 세면도구 같은 소모품에서부터 크게는 피복류와 개인 장구류까지 개인이 소지하고 잘 관리해야 하는 물품이 한두 가지가 아니다.

상황도 그렇게 정신없이 군 생활을 하다보면 실수로 개인보급품을 잃어버리는 병사들이 적지 않은데, 분실사고가 상부로 보고되는 것보다 스스로 해결하는(?) 경우가 더 많은 것 같다.

남의 물건에 손을 대는 것인데 내가 군 생활 중 잃어버린 것들을 대충 나열해 보면 이렇다. 면도기, 손목시계, 속옷 4벌에, 양말 5켤레. 전부 기억이 나지는 않지만 대략 이렇다. 개중에는 분명 나의 부주의로 분실한 것도 있지만 대부분은 거의 도둑맞은 것들이다. 군 생활 하면서 옆 전우들 중에는 돈을 분실한 경우도 있다. 그런 일들은 간부들도 알게 되고 중대원 모두가 알게 되며 그러면 중대 분위기(사기)에 좋지 않은 영향을 미친다. 범인이 누군지는 모르지만 함께 생활하는 전우 중 범인이 있으니 서로 불신하는 것은 당연할 수밖에 없다.

어떠한 물건이든 내 물건이면 몸에 지니고 있어라. 안 그러면 잃어버릴 가능성이 높다. 훈련장 한쪽에서 밥을 먹고 모기향을 가지고 식기 세척장에 가서 잠시 식기를 닦기 위해 세척기 위에 잠시 모기향을 놓아뒀는데 실수로 모기향은 두고 식판만 챙겨서 돌아왔다. 잠시 후 바로 찾으러 갔는데 예상대로 누가 가져가 버렸다.

훈련장 특성상 모기 등 벌레가 많아 모기향은 귀하기 때문인지 금방 없어졌다. 실수로 두고 온 내 잘못이 가장 크지만, 시간이 얼마나 지났다고 그걸 가져가느냐 말이다.

▶ 충고와 갈굼의 차이

분대장을 제외한 병 상호 간에는 명령이나 지시 및 간섭을 하지 못하게 되어 있다. 하지만 특수 집단이고 계급사회인 군대의 특성상 각 계급 간(병장, 상병, 일병, 이병)에 할 일이 따로 있기 때문에 100% 지켜지기란 거의 불가능하다고 본다.

여기의 또 한 가지 후임병들에게 일을 시킬 때 그것의 사적인 일로 시키는 일인지 아니면 모두의 이익을 위한 일로 시키는 일인지도 중요하게 여겨진다.

일을 시키다보면 경험이 부족한 일, 이병은 번번이 사고를 칠 때가 있다. 시킨 일들을 안 한다던지, 제대로 완성시켜 놓지 않는다던지.

이럴 때 일을 시킨 선임병으로서는 그에 대한 책임을 묻지 않을 수가 없다. 그 일에 대한 전체적인 책임을 지고 있는 선임병의 경우 간부들에게 그 일을 추궁당하고 욕먹기 일쑤이기 때문이다. 이때, 후임병에게 '이게 잘못된 거야! 라고 말하게 되는데 사람의 얼굴 생김새가 다르듯이 후임병에게 타이르는 태도 또한 모두 다르다.

　한두 번 좋게 말하고 그 다음에도 그 후임의 행동에 변화가 없을 때 성내는 선임이 있고, 잘못하자마자 욕을 퍼부어버리는 선임, 후임병의 잘못이 반복됨에도 불구하고 신경 쓰지 않고 무시하거나 자신이 후임병 몫까지 다해버리는 선임. 하지만 가장 마지막 경우를 취하는 선임은 그리 흔치 않다.

　그리고 선임에 입장에서는 좋게 타이른다고 타일렀는데, 받아들이는 후임병의 입장에서 긍정적으로 받아들이지 않고, '이런 게 갈굼이라는 거구나. 짜증난다' 라고 느끼게 되면 그건 충고가 아닌 갈굼이 되어버리는 것이다.

　특히 전국 각지에서 모인 군대 집단인데, 표준어를 사용하지 않고, 발음이나 억양이 억세거나 드센 아래 지방 사투리를 심하게 구사하는 선임병이라면 후임병으로서는 오해하기 십상이다.

　이런 문제는 누구의 잘못도 아니고 서로 한 걸음씩 물러나서 배려하고 양보해야만 해결 될 수 있는 문제이다. 20년 이상 이렇게 말하면서 살아왔는데, 어떻게 고치냐 라고 말할 수 있겠지만, 그렇게 따지면 20년 동안 표준어만 듣고 살아온 사람에게 쉽게 사투리를 받아들이라고 하는 것도 웃기지 않은가.

　환경의 지배를 받는 것인지 적응력이 뛰어난 것인지는 몰라도 지방에서 올라온 많은 선, 후임들과 1년 넘게 군 생활하다보면 사투리를 거의 쓰지 않는 모습을 볼 수 있다. 그 중에는 전역할 때까지 고향 지역의 사투리를 잊지 못하는지 고치기 싫어서인지 변하지 않는 말투를 사용한 병사들도 있었지만 말이다.

▶ 분대장을 제외한 병 상호 간 충성구호 생략

군대가 뭔가 잘못되어 가고 있는 것은 확실한 것 같다. 실내에서는 아니지만, 실외에서 같은 중대 선임병사를 만나면 무조건 '충성!' 하고 격례를 하게 되어있었다.

내가 이등병 때에는 어떤 후임병이 선임병에게 격례를 하지 않았다고, 무시하고 지나간 것으로 여겨 된통 혼난 적도 있었다. 그런데 언제부터인가 병 상호 간에는 충성! 구호를 붙이지 말고, 분대장 이상 급에만 충성! 구호를 붙이라고 지시가 내려왔다. 이렇게 가다가는 병 상호 간에 거수경례조차 없어질지 모른다. 요즘 군 정책은 어떻게 되어가고 있는지 의문스럽다. 이렇게 병사들 간 상하관계를 무디게 만들어버리면 비상시에 어떤 후임이 선임으로 여기고 상명하복을 지킬 수가 있겠는가.

▶ 군대에서는 생각할 필요도 없고, 시키는 것만 잘하면 된다

2006년 8월 훈련 중에 있었던 일이다. 망 상태는 잘 유지되고 있는 상태였다. 그런데 갑자기 훈련 소대장이 망을 단절시키고 자신이 있는 곳으로 올라오라는 것이었다. 나는 평소에 했던 대로 보고를 해야 하는지 궁금해서 소대장님에게 물었다. 어디, 어디 보고 해야 되지 않습니까? 망을 단절시킨다는 것은 상대측과 또 다른 상대측과의 교신자체가 불가능하게 될 수 있으므로 여러 곳에 보고 해야 할 곳이 많았다. 평소대로라면 보고 해야 하는 것이 맞는데, 괜히 물어봤다가 된통 욕만 얻어먹었다.

"소대장이 시키면 시키는 대로 할 것이지 뭐 그리 말이 많아?" 그렇다. 괜히 미련하게 내가 책임을 질 것도 아닌데 정도를 따졌던 것이다.

소대장님이 그러셨다. 누가 뭐라고 하면 자기가 시켰다고 하면 되지 않냐며 토 달지 말고 시키면 시키는 대로 하라셨다. 정답이다. 어찌 보면 책임을 회피하는 것처럼 보일 수 있지만 그냥 시키는 대로만 하면 된다. "저분이 시켜서 했을 뿐입니다."

▶ 20대 초반의 젊은 아저씨들

너무 생소한 군대 문화중 하나 마음에 안 드는 것 중 하나가 타 중대, 혹은 타 부대 병사들에게 쓰는 호칭이 '아저씨' 라는 것이다. 이것은 너무 부대 전체적으로 퍼져 있어 감히 어떻게 해 볼 엄두조차 나지 않는다. 저 높은 곳에 계신 별님들도, 별을 한 4개쯤 달고 계신 할아버지께서 적극적으로 '고쳐라' 하시지 않는 이상은 힘들 것 같다는 것이 내 생각.

군 생활을 하다 보면 타 중대와 타 부대 사람들과 부딪히는 일은 그리 어렵지 않다. 특히 나 같은 통신병인 경우는 타 부대로 통신 근무 파견을 나가기 때문에 타 부대 전우들과 뜻이 맞지 않거나 문제가 생길 경우에도 군 생활이 평탄치 않고 짜증의 연속이 될 가능성도 크다. 처음에는 아저씨인데 뭐 어때? '무시하면 되지' 라고 생각했는데, 지내다 보면 그렇지 않다. 사람이 사람을 무시하는 것도 쉽지만은 않을 일에 분명하니까. 너무 아저씨라는 소리를 많이 들어서 이제는 좀 익숙해지기도 했지만, 지금은 '오빠, 형!' 이라는 소리가 너무 듣고 싶다. 솔직히 아직은 내 나이가 아저씨라고 불리기에는 좀 이른 나이 아닌가. 봉주오빠~ 봉주형~.

▶ 기본적 욕구는 충족되는 군대

내가 입대 후 가장 힘들었던 시기는 누구나 그랬듯이 훈련병 시간과 일, 이등병 시절, 하지만 이 시절만 잘 넘기면 별로 힘들지 않다. 왜냐? 밖에 있는 것과 군에 있는 것의 차이는 별로 없기 때문에 밥 먹여주고, 잠 재워주는데 뭐가 부족한가? 전역하면 누가 밥 주고, 잠자리 제공해주나? 그것만으로도 감지덕지 감사해야지. 이것만 보면 힘든 것도 없다. 누구나가 다 그럴 것이다. 부모님과 대략 20년 동안 함께 살면서 과연 100일 이상 떨어져 있어 본 사람이 흔할까?

물론 부모님이 안계시거나 외국에 떨어져 사는 것은 예외이다. 나도 그것 때문에 가장 힘들었다. 특히 입대 후 훈련받는 도중 3주 정도 즈음엔 몸까지 아파 너무 서럽고 힘들었다. 하지만 그때에는 좋은 기수 동기들끼리 함께 서로 도와가며 전우애를 느끼며 헤쳐 나갔다. 하지만 자대배치 후에는 동기도 별로 없고 혹여 있다고 해도 서로 쉽게 말할 수 있는 여건이 조성되지 않기 때문에 혼자 고통과 아픔을 이겨내야 했다. 누구와 상의하고 싶지도 않았고 그냥 내가 더 약해 보이는 거 싫어서 그냥 꾹꾹 눌러 참았다.

몸도 아픈데, 훈련을 받느라 쉬지도 못하고, 열외는 내가 싫어서 모든 훈련을 소화했는데, '내가 왜 이 짓을 해야 하는지 모르겠다' 라는 생각과, 집에 있었다면 '어머니가 끓여주시는 생강차 한잔 먹고 하루만 쉬면 뚝하고 떨어질 텐데…' 라는 생각이 교차하며, 아쉬움과 그리움의 눈물을 흘리기도 했다.

▶ 상처는 가만두면 곪고, 더 커져버린다

특히 군대에서는 청결하지 못한 환경으로 인해 봉화지염(세균번식)이라는 것이 있다. 일반 상처도 그렇지만 군인들 간에 감정이 상하는 상처도 마찬가지다.

보이는 계급장으로 하급자를 못살게 굴며, 인간답지 않게 행동하는 사람들에게는 인간답게 대해줄 필요가 없다. 혼자 힘으로 해결하기 힘들 일이 있을 때에는 옆 전우에게, 그래도 안 되면 간부들을 이용해서라도 균들의 번식을 막고 소독하고 약도 발라 세균을 없애고, 상처를 회복하는 길이 흉터를 안 지게 하는 일이다.

상처는 오래두면 흉지고, 오래간다. 상처가 생기면 빨리 아물도록 해야 한다. 의무대를 이용하자.

▶ 군 용어

- 뺑이친다 => 댓가 없이 고생한다.
- 때깔이다 => 다른 일과 비교했을 때 상대적으로 편한 일이다.
- 똥 => 잘못을 지적해주는 선임. 적나라하게 지적해 상처를 줌, 인격적으로 모독할 때도 있다.
- 쓰레기 => 자신의 기분에 따라 후임에게 피해주는 것이 다름. 대부분 기분 나쁜 날이 많아 어처구니없는 일로 시비를 건다.
- 짬밥 => 군대에서 먹는 밥
- 꼬름하다 => 못났다.
- 건수 => 실수, 잘못
- 빠끈하다 => 군기가 꽉 들었다.

▶ 공공생활에서 꼴불견, 정말 짜증난다

1. 손발톱 자르고 난 후 뒤처리 제대로 안하는 꼴불견
2. 평소 제대로 씻지 않아 몸에서 냄새 나는 꼴불견
3. 귀지를 휴지에 싸서 버리지 않고 그냥 털어버리는 꼴불견

더 많은 꼴불견들이 있지만 선임이 이런 행동들을 해도 아무 말도 할 수 없다. 이래서 단체생활은 힘들다.

모든 한 생활관에 20여명이 생활을 하게 되는데, 체육활동이나 일과 시간에 땀을 흘리고 난 후 생활관에 들어온 후면 생활관 전체에는 별로 좋지 않은 냄새가 코를 자극한다. 땀을 흘리거나 자신의 몸이 지저분하다고 느끼면 바로 가서 샤워를 하고 오면 좋을 텐데, 그 집단 가운데에는 꼭 미루는 놈들이 있다.

자신도 찝찝하고 남에게도 피해주는데 왜 꼭 샤워하는 것을 미룰까. 또한 평소에 양치질을 자주 하지 않거나 머리를 자주 감지 않으면 냄새가 난

다. 그래서 생활관에 남자 냄새(?)가 나는 것인가? 개인위생도 중요하지만 모두가 타인에게 피해를 주지 않는 군 생활을 했으면 좋겠다.

▶ 보급품 낭비

병사들은 말 그대로 부대 내에서 계속 살기 때문에 살기 위해 먹는 것은 물론이고, 씻는 도구들까지 필요한 모든 것들을 보급 받으며 살아간다. 이 부분에서 병사들은 쓸데없는 많은 낭비를 하곤 한다.

요즘 우리 소대의 청소 담당구역이 중대 쓰레기 분리수거인데 개봉하지도 않은 부식을 쓰레기통에 버리는 일. 부식 나온 쌀국수를 먹지 않는 것은 그렇다고 해도 자신이 먹지 않으면 옆 전우에게 주면 될 것이지 왜 버리냐는 것이다.

대략 1/3 남은 아직 쓸 수 있는 치약을 쓰다말고 버리는 일, 물 틀어놓고 세면, 세족하는 모습은 그리 어렵지 않게 화장실에서 볼 수 있다.

도무지 이해가 안 된다. 내 것이 아니므로 그러는 것인가. 정말 이런 것 하나하나가 낭비다. 이런 측면에서는 보급품 사용실태를 조사해서 보급양을 줄여보는 것도 세금낭비를 줄일 수 있는 하나의 방법이 아닐까 생각한다.

▶ 군 간부로 돌아온 선임

두 달여 만에 3개월 선임에서 간부로 돌아온 ○상병, 아니 ○하사님. 계급장이 바뀌어 돌아온 그. 내 기분도 이리 싱숭생숭 묘한데, 예전 ○상병의 선임이었던 병사들의 기분은 어떨까? 계급이 바뀔 수도 있는 현실이 군 생활에 웃음을 만든다.

이런 병사들이 흔하지는 않지만 간혹 있다. 군대에 오기 전에 마땅히 했던 일도 없고, 군 생활을 하다 보니 이 일도 적성에 맞는 것 같고, 생활하면서 그리 돈 들어갈 일도 없으니 썩 비관적으로 볼 수는 없을 것 같다. 솔직히 나도 20년을 넘게 살아왔지만 남보다 특출하게 잘하는 것이 없다보니 군 생활 중 간부 지원을 할까 말까하는 생각도 적지 않게 했었다.

▶ 살이 찌는 건 스트레스로 인한 식욕증가다. 닥치는 대로 먹기 때문이다

군인의 스트레스 해소법에는 뭐가 있을까? 내가 느낀 것 중의 제일은 맛있는 음식을 먹는 것이었고, 많이 먹는 것이었다. 특히 단 음식은 내가 좋아하는 것 중 하나였다. 군에 입대하기 전에도 다른 사람들보다는 규칙적인 생활을 했었기 때문에 살이 급속도로 찌고 하는 건 없었는데, 후반기 교육을 받으면서 살이 급격히 쪘다. 선임이 되면서는 스스로 자제를 하곤 했지만, 그 전에는 쉽게 되지 않았다. 먹을 때만 기쁨이 있었고, 다른 낙은 기억나지도 않는다.

▶ 거짓말

군대 와서 한 가지 늘어버린 게 있다면 거짓말이 늘어버렸다. 물론 개중에는 '선의의 거짓말' 이라고 말할 수 있는 것들도 몇 있겠지만 대부분 위험을 피하려, 욕을 듣기 싫어서, 선임들에게 걸리지 않을 일들을 거짓말하게 된다. 이러면 안 되는 줄 알면서도 잘 고쳐지지가 않는다. 예를 들어 근무 전에 새로운 물을 수통에 담아야 하고, 근무 후에는 수통에 물을 비워야 한다. 하지만 깜박 잊고 지난 근무 때에 수통에 물을 안 비웠다면 수통에 새로 채우지 않은 물이 들어있어도 수통에 물을 새로 채웠냐는 선임들의 질문에 "새로 채웠다."고 대답하곤 한다.

군대에서는 도난사고가 많이 일어난다. 함께 해야 할 시간들이 많은 전우들 간에 불신의 씨앗이 되어버리는 도난사고는 악순환을 계속하게 만든다. 특히 속옷과 양말, 전투복의 도난사고는 하루에도 두 번씩 일어나기 때문에 무뎌져 버린 지 오래다. 물론 내무실보다 내무실 밖 건조장에서의 일이 대부분이지만, 다른 중대 사람들 것이라고 누가 보지 않는다고 훔치거나 하는 일은 정말 나쁜 짓이라는 것을 모르는 건가?

선임들에게 전투복을 잃어버렸다고 하면 "너도 훔쳐."라고 서슴없이 선임들은 이렇게 말한다, 아무 거리낌 없이 그렇게 말하고, 후임들은 그렇게 행한다. 그래서 속옷과 양말, 전투복은 돌고 돌게 된다. 바느질이 되어 있는 옷들도 뜯어서 새로 만들어버리는 것도 흔한 일인데 매직으로 주기를 하는 것이 무슨 소용이랴?

언제인지는 정확히 기억나지 않지만 내무실의 선풍기 날을 A라는 선임이 실수로 부셔 버린 적이 있다. 그걸 후임들에게 시켜 다른 내무실의 선풍기 날과 바꿔오라는 것이었다. 선임의 명령이기에 잘못하는 일인 줄 알았지만 시행한 적이 있다. 내가 그 선임이었다면 좀 혼나더라도 간부들에게 말해 고쳤을 것이다. 선풍기 날 얼마나 한다고 거짓을 행하는 것이 우습다. 이 글을 읽는 혹자들은 욕먹기 싫어 거짓말하는 것과 무엇이 다르냐고 앞의 글을 보고는 모순된다고 이야기 할 수도 있을 것이다. 그에 반론할 수 있다. 선임들이 때론 후임들을 시험하기 위해 무리한 것들을 요구한다고.

▶ 선임들은 일, 이등병에게 이런 장난을 한다

눈을 가리며, 혹은 눈을 감으라고 하며 묻는다. "뭐가 보이냐?" 그러면 질문을 받은 일, 이등병은 대부분 이렇게 대답한다. "아무것도 안 보입니다." 혹은 "까맣습니다.", "어둠뿐입니다."

선임의 어처구니없는 장난에 쓴웃음을 나오고, 기분도 좋지 않지만 한참 남은 군 생활을 생각하면 틀린 말은 아니다. "넌 내가 이때까지 짬밥을 먹다가 식탁에 흘린 짬도 안돼." 이런 말 후에 "까불지 마."라던지 "이 짬에 내가 하리?" 하며 일을 시킨다.

▶ 군대에는 안 되면 되게 한다

정말 신기하다. 안될 것 같은 일, 못할 것 같은 일들도 하면 된다. 이건 정말 크게 배우고 느끼는 것이다. 이번 주는 장비검열이 있는 주이다. 통신단에서의 전투장비가 무엇이겠는가? 바로 통신장비 아니겠는가.

파견지에 있는 나는 직접 몸으로 겪지 않기 때문에 몸은 편하지만, 지금 중대에 있는 병사들은 편하지 않을 것이라는 것을 느낌으로나마 알 수 있다. 검열이란 분명 높은 간부가 와서 장비 검사를 하는 것일 테고, 장비의 이상 유무나 일련번호를 파악해야 할 것이며, 깨끗이 장비수입을 해야 하는 것도 뻔한 일이다. 그 파장이 내가 있는 파견지에도 살며시 스쳐왔다. 지난 17일에는 이곳 파견지에 무선장비 하나가 더 설치되었다. 그걸 그냥 설치만 하고 일련번호는 조사하지 않은 상태였는데 중대에서 장비 일련번호를 물어보는 전화가 왔다. 순간 뜨끔해서 얼른 조사하고 일지에 기록했다. 그런데 오늘 같은 선임에게 또 전화가 왔다. 나는 자신 있게 일련번호를 불렀다.

완벽하지 않았다. 내가 조사한 장비 외에 또 다른 장비 일련번호가 있었던 것이다. 안테나가 높이 있다는 것은 누구나 아는 사실. 안테나를 철수하기 이전에는 안테나 꼭대기 부분에 위치한 일련번호를 난 못 알아낼 줄만 알았다. 나는 안테나를 철수하기 이전에는 힘들 것 같다는 목소리와 톤으로 조장 선임에게 어떻게 해야 하냐고 물었다. 조장은 안테나 옆에 주차되어 있는 차량에 올라가서 확인을 해보라고 했다. 위험하기도 하고 저녁이라 잘 안 보일 것 같았는데, 랜턴을 이용하고, 차량을 이동하기도 하며 어떻게 알아내었다. 그 칠흑 같은 어둠 속에서 그 작은 번호를 알아낸 것은 참으로 놀라웠다.

예전에도 한번 불가능한 일이 가능케 되는 것을 보고 놀란 적이 있었다. 군부대는 대부분이 산을 끼고 있기 때문에 여름이 되면 잡초 제거, 가을이 되면 낙엽 제거, 겨울이 되면 쌓인 눈 제거 작업을 많이 한다. 내가 자대에 전입한 지 얼마 되지 않아 산에 제초작업을 하러 올라갔다.

제초작업을 위해 가져간 것들은 낫, 갈고리, 얼음 물통 몇 개가 전부였다. 잡초 중에는 가시가 있는 것들도 많았고, 얇은 나무가 자라고 있어 낫질을 해도 잘 안 잘라지는 것들도 많았다. 높다기보다 작업할 곳이 넓게 보이기 만한 이 넓은 산의 잡초들을 언제 다 제거할 수 있을까 하는 생각에 막막하다는 느낌만 들었다. 그런데 하루 이틀 제초작업을 하다 보니 어느덧 산이 옷을 천천히 벗고 있는 듯했다. 장발이었던 청년이 이발도구로 천천히 머리카락을 밀어내는 듯한. 서서히 위로 올라가서 아래를 보면 '어떻게 이렇게 많이 했지?' 라는 생각으로 참 어이가 없을 정도이다. 낫질을 계속하다보면 머릿속이 멍~해진다. 왜 그런지는 정확히 알 수 없지만, 내가 추측하기에는 머리를 사용하지 않고, 단순 반복작업을 하는 경우에 이러한 현상이 생기는 것 같다. 덕분에 계속되는 낫질로 손에 물집이 잡힌 줄도 몰랐다.

제초작업을 끝냈을 때에는 군 입대 전의 청년들이 어설프게 자른 스포츠머리를 보는 듯한 느낌이었다. 이러한 일들처럼 역시 모든 일들은 생각과 다르게 된다는 것을 느끼게 된다. '저건 안 될 것 같은데…' 라는 생각으로 처음부터 시작 안 했다면 안 된 것이고, 안 될 것 같았지만 계속해서 시도하면 안 될 것 같은 것도 되어버리는 것이다. 앞으로 어떤 일을 하든지 간에 일단 해보는 내가 되었으면 좋겠다. 아니 해보겠다. 안 해보고 못한다는 건 어찌보면 너무나 바보 같은 짓이다. '안되면 되게 하라', '하면 된다' 크게 배울 것임에 분명하다.

▶ 분대장의 권력 남용

군대에는 보고절차가 있기 때문에 무엇을 하든 분대원들은 분대장에게 보고를 하고 분대장은 소대장에게, 소대장은 중대장에게 이런 식으로 보고가 되어 진다. 하지만 분대장이 태클을 걸어버리면 후임에 입장에선 난처하지 않을 수 없다.

심심하면 후임들의 머리를 군번줄로 긁는 행위. 좀 아프기도 하지만 기분이 엄청 안 좋은 쓰레기 짓이다. 괜한 심술이다. 언젠가 무슨 마음인지 외박계획서 제출 전날까지 허락을 안 해줬던 선임이 아무 말 없던 사람이 다시 한 번 꺼낸 나의 부탁에 외박을 허용했다.

▶ 난 군대에서 오래 있지 않을 것이다

1. 난 육군사관생도가 될 수 없기 때문에 현실적으로 진급의 한계가 있다.

2. 부모와 친지, 나의 지인들과 먼 곳에서 살고 싶지 않다.

3. 반복적 생활 미래에 뭐가 보이는가? 직업군인의 결말은 뻔하지 않은가. 나라에 충성, 상관에 복종하는 생활. 자존심이 강한 내가 누구의 지시에 따라 평생 생활한다는 것은 김봉주가 해야 할 일이 아니고, 어울리지도 않는다.

4. 도전이 있는 삶, 굴곡이 있는 삶, 실패의 아픔을 알아야 성공의 달콤함을 느낄 수 있는 삶, 도전적이고, 진취적인 삶이 김봉주가 살고 싶어 하는 인생이다.

5. 타인을 위해 봉사하는 삶을 살고, 가화만사성을 이루기 위해 나에게 시간과 안정이 필요하다. 그러기 위해서는 군인의 봉급으로 할 수 있는 건 한계가 있다. 많이 벌어서 많이 베풀 수 있는 사람이 되겠다.

▶ 우리가 우리 안의 동물과 같은 이유

1. 식욕, 성욕, 수면욕 기본적 욕구에 굶주려 있다. 예를 들면 기분이 상해 있을지라도 빵 조각, 아이스크림 하나에 기분은 180도 변한다.
2. 시키는 것만 해야 한다.
3. 주는 것만 먹어야 한다.
4. 신음소리만 낼 뿐 아파도 눈치 보여 이야기 못한다.
5. 우리가 이곳에서 나가고 싶어 하는 이유는 우리 안의 동물과 비슷하기 때문이다.

▶ 자살 사고

과거에 민간인 양상군자가 군부대에 침투하여 총기를 탈취해 가는 사고가 생긴 후 우리에게 실탄이 지급되었다. 그 후에는 실탄으로 인한 자살사고가 크게 늘었다. 참 부끄럽고 안타까운 현실이다. 왜 꼭 자살을 하려 하고, 다른 사람에게도 피해를 주며 목숨을 끊느냐 말이다.

사병들의 정신 상태를 올바르게 고쳐야만 한다. 이 상태로 무슨 전쟁을 한다는 말인가. 쯧쯧….

에필로그

▶ 대한민국이 바쁜 이유

취침시간을 쪼개서 자기 계발을 위해 연등을 하는 병사들의 수가 갈수록 늘어나고 있다. 나도 연등을 빼먹지 않고 하는 사람 중 한 사람으로서 어찌 보면 좋은 일인데, 사회에 나가면 이들을 제치고, 짓밟고 올라가는 경쟁에서의 승리만 나를 먹여 살릴 수 있을 텐데 하는 걱정이 앞선다.

너무 힘들 것만 같다. 다들 열심히 한다. 나도 열심히 해야 하는데, 꼭 그래야만 하는 것도 잘 알고 있고, 내 꿈을 위해서라도 쉬지 않고 매달려 끊임없이 정진해야하는 것도 알고 있는데 잘 안 될 때가 너무 많다. 그러면 안 되는 것인지도 잘 알고 있는데, 다시 한 번 나를 채찍질 하고 다듬어서 세상에 나갈 준비를 틈틈이 계속 열심히 해나가야겠다. 후회하지 말자! 나이 더 먹고 후회해 서러움에 울지 말자.

한마디로 말해 나와 같은 목표를 지닌 사람보다 늦으면 나의 목표를 이루지 못하거나 그 목표를 늦게 이룰 수밖에 없으므로 그렇다. 그렇게 되면 당연히 그로 인해 다른 계획들도 차질이 생기고, 계획했던 모든 일들이 점점 늦어질 수밖에 없다.

야간근무가 없는 날에 연등을 할 경우, 옆 중대 전우보다 신고를 늦게 하고 학습장으로 가게 되면 좋은 자리를 선점할 수 없었다. 모든 곳이 다 좋을 수는 없는 것. 형광등 바로 아래에 있는 자리는 불빛이 환하게 비추기 때문에 가장 좋은 자리이고, 가장자리는 칸막이로 인해 불빛이 덜 밝다.

또한 의자도 편안한 게 있고, 그렇지 않은 것도 있으며 소리가 나는 의자, 그렇지 않은 의자, 더러운 이물질이 묻어있는 의자나 책상 혹은 그렇지 않은 것들이 있기 때문에 취침에 들어가면 재빨리 당직계통에 신고를 하고 신속히 학습장을 가야만 한다.

또한 나는 보통 2시간씩 연등을 하는데 2시간 동안 빨래를 하는 것을 좋아한다. 그런데 어느 날은 비어 있는 세탁기를 확인한 후 빨랫감을 가지러 다녀오는 순간 타 중대 아저씨가 빨랫감을 넣고 있었다. 속이 부글부글 끓었지만 어쩔 수 없었다. 아주 잠깐이었지만 깨끗한 옷을 입기 위한 경쟁, 역시 군대에서도 긴장을 끈을 놓을 수가 없다.

▶ 의욕이 얼마나 중요한지

군에 다시 또 하나 크게 느낀 것은 어떠한 일을 함에 있어서 의욕이 얼마나 중요한지 생각을 하는 것이 얼마나 중요한지 알게 되었다. 군에 오고 싶어서 올 사람이 얼마나 될까? 거의 없겠지 1000명중 1명은 될까? 모두들 국방의 의무를 위해 오기 싫고, 하기 싫은 일들을 참고 한다. 그래서 능률이 좋지 않을 수밖에 없다. 자신이 하고 싶어 하는 일이라면 의욕에 불타서 할 텐데 그게 아니기 때문에 많은 병사들이 힘들어 하는 것 같다.

이명박 전 서울시장의 '신화는 없다' 라는 책을 보면 이명박 시장은 상황을 탓하기보다 상황이 어떻든 그 상황에 자신을 맞추라고 했다. 하고 싶지 않은 일을 잘 할 수 있다는 것은 정말 대단한 일이다. 생각하기 나름이라는 것이 뼈저리게 느껴진다.

▶ 담배

　피워보고 싶은 호기심이 나를 너무 자극했다. 어떤 느낌일까 너무너무 궁금했다. 하지만 담배가 나와 나의 주위 사람들에게 주는 피해가 나의 호기심을 억제시켰다. 흡연자들은 흡연 시 주위 사람들에게 피해를 주고, 꽁초 쓰레기를 만든다.

　담배가 백해무익하다는 것은 삼척동자도 안다. 사회에서도 마찬가지겠지만, 군대에는 99%이상 남성들이 살기 때문에, 부대 내 곳곳에서도 손쉽게 담배 냄새를 맡을 수 있다.

　문제는 군경 보훈용 담배에 있다고 볼 수 있다. 하지만 이것도 2005년엔 1인당 15갑, 2006년에 10갑, 2007년에 5갑으로 대폭 줄어 많은 흡연자들이 담배를 끊거나 월급으로 비싼 돈(제값)을 주고 담배를 피워야 하는 상황이 벌어졌다. 담배의 보급량이 줄어서인지 최근 몇 년간 병사들의 월급이 대폭 올랐다. 내가 입대할 때의 월급과 전역할 때 즈음의 월급의 차이가 2배 정도 난다.

　이렇게 군대에서는 담배를 쉽게 구할 수 있기 때문에 비흡연자였던 사람들도 그 유혹을 뿌리치지 못하고 흡연자로 전향해 버리는 병사들이 적지 않다. 군 생활이 힘들거나 선임들이 유혹할 때, 특히 훈련소 때에는 담배를 아예 못 피우게 하기 때문에 그때를 계기로 담배를 끊는 병사들도 있지만 다른 병사들이 피우는 모습을 자주 보고 의지가 약해져 버리면 쉽게 다시 흡연자가 되어버리는 것이었다. 게다가 담배를 피우던 일, 이등병이 담배를 끊으려고 하면 선임들은 요즘 군 생활 많이 편해졌구나 하며 비꼬기 때문에 그런 이유에서도 끊기 힘들지 않나 싶다.

　나도 담배를 '피워 본 적이 없고, 피워보면 어떤 느낌일까' 너무 궁금하기도 하고, 쉽게 구할 수 있어서 피워볼 생각도 해봤는데 끝까지 피우지 않았다. 다만 담배를 꽤 오랜 시간 피워온 후임에게 느낌을 한번 물어보았더니, 담배 한모금은 천국에 갔다 오는 느낌이 난다는 것이다.

하지만 나를 비흡연자로 남게 한 가장 큰 이유는 건강에 나쁘다는 것과 흡연자들 옆에 가면 풍기는 그 냄새를 나는 너무 싫어했기 때문이다. 물론 담배를 피워도 많이 피우는 사람과 적게 피우는 사람의 차이가 있고, 양치질을 얼마나 자주 하냐 그렇지 않느냐의 차이가 있기는 하지만, 흡연자들에게는 고유의 역한 냄새가 대부분 풍긴다. 특히 내가 후임병이었을 때에는 취침시간에 옆자리에 흡연자가 자다가 잠깐 일어나서 담배 한 대 피우고 들어와 냄새 풍기면 자다가도 일어났다. 나를 바라보고 자면 한참동안 잠을 못 이루었으니 내가 그 냄새를 무척이나 싫어한 것은 틀림없다. 흡연자끼리도 다른 사람의 담배 냄새를 좋아하지 않는다고 하니 독하고 기분 나쁜 냄새임에는 틀림없는 사실이다.

다행히도 요즘 부대에서는 금연 클리닉이라고 해서 흡연자들에게 금연을 유도하고 성공여부에 따라 포상휴가도 주기 때문에 금연 할 수 있는 환경은 갈수록 좋아지고 있다고 볼 수 있다.

나는 나의 삼촌이나 아버지뻘 되는 선배들은 적지 않게 알고 있다. 내 나이 또래 친구들보다 나보다 나의 많은 선배들에게 관심이 더 많고, 더 편하고 신뢰도 가기 때문에 그렇게 된 것인데, 그들을 보면 흡연자와 비흡연자를 눈으로 구분할 수 있을 정도로 차이가 있다. 흡연을 오래 한 사람들의 얼굴빛은 검다. 나이도 비 흡연자들의 또래 선배들보다 5년~10년 정도 더 들어 보이고 외부상태(주름살이나 피부 등)도 좋지 않다. 대부분 20대 초반의 병사흡연자들, 지금은 겉으로 별 차이 못 느끼겠지만 앞으로 수년 후 혹은 수십 년 후에는 언제부터인가 비흡연자들과 차이를 심각하게 느끼게 될 것이다.

특히 처음 만나는 사람에게 불쾌한 냄새를 풍겨 자신의 첫인상을 좋게 풍기지 못하는 담배 자신의 몸을 생각하고, 주위를 둘러보고, 담배의 득과

실을 따져본다면, 이 삭막하고 이것저것 따지며 이기적이고 계산적으로 이 세상을 살아가는 당신, 그래도 끊지 못하는가?

▶ 군 가산점 제도

나는 예비역 육군 병장 김봉주이다. 대한민국에서 남자로 태어나 지켜야 하는 신성한 국방의 의무를 명예롭게 마친 건아이다. 남들만큼 고생했고, 인생에 있어 활짝 피어 예쁨을 받아야 할 꽃 같은 나이에 2년이란 시간을 국가와 국민을 위해 헌신했다. 그래서 나와 같은 국방의 의무를 무사히 마친 대한 건아들은 어디서든 당당할 수 있어야 하고 그만한 대우와 혜택을 누려야 한다는 생각이다. 하지만 군 가산점에 대한 나의 견해는 반대적인 입장이다.

대한민국이라는 나라는 선진국으로 가고 있기는 하지만, 아직 남녀가 평등을 이루고 살지 못하는 나라다. 똑같은 직업을 가지고 함께 일을 해도 남성이 급여를 많이 받는가 하면 직원을 모집하는 공고에서부터 남자와 여자에 차별을 두는 것을 어렵지 않게 볼 수 있다.

다만 현역으로 병역의 의무를 마친 남성들과 다른 방법으로 병역을 마친 남성들과는 차별은 둘 필요가 있다고 생각한다. 이전에도 이야기 했지만, 현역 군인들은 자유와는 거리가 멀어져 있고, 먹고 싶은 것들과 보고 싶은 사람들과도 쉽게 함께 하지 못한다.

현역으로 복무를 하지 않은 남성들은 공익근무요원들이나 산업체를 통해 특례를 받아 군복무를 대체한다. 그들은 위의 것들이 기본적으로 충족이 된다. 물론 개개인의 사정으로 대체복무를 하게 된 것일 수도 있을 테지만 사회와 격리되어 있지 않는 상태와 집에서 출·퇴근 하는 것만으로도 현역병들과 차별을 줄 필요는 있다고 생각한다. 또한 산업체특례를 받는 사람들은 특례 중 급여도 나오고, 경력도 인정이 될 수 있어 차별을 둘 필요가 분명 있다고 생각한다.

어떤 여성들은 '남자는 군대에 가지만, 여자는 아기를 낳지 않느냐' 며 평등을 요구하기도 하지만 정말 이런 말은 좀 하지 않았으면 좋겠다. 어떻게 그 고귀한 자신의 2세를 만날 수 있는 잠깐의 고통을 2년의 고생에 비할 수 있다는 말인가. 또한 아이를 낳고, 낳지 않고는 의무가 아니고, 군대를 가는 것은 의무이기 때문에 이것은 비교자체가 되지 않는다.

다만 여성들은 아직 사회에 존재하는 남녀 차별에 대해 좀 더 넓은 마음으로 이해를 할 필요가 있다고 생각한다. 물론 모든 국민들 모두가 남녀가 평등을 이루는 선진사회가 되도록 서로 노력을 해야 한다.

남성과 여성의 차이는 있다. 그렇기 때문에 남성과 여성을 같은 일로 비교를 한다면 그것은 그릇된 처사라고 생각한다. 때문에 경쟁은 같은 성을 가진 사람들끼리 해야 한다. 모두가 그 차이를 인정하고 서로 배려를 하며 차별을 하지 않는다면 남녀평등을 이루는 데 큰 문제는 없을 것이다. 의식개선이 지름길이다.

▶ 부한 자들은

내 생각엔 미래의 1명의 인재가 1,000명에서 10,000명 이상을 먹여 살릴 수도 있다고 생각한다.

또한 사회에 있는 사람들 중 정말 영향력이 많거나 돈이 많이 있는 사람들은 군대에 올 필요가 없다고 생각한다. 물론 평등해야 하는 법에 위배되겠지만, 현실을 생각해봤을 때 사회에서 무슨 일을 했던 군대에 오면 그들의 가치는 거의 비슷하게 된다. 물론 그들 중에는 자신의 병과 주특기를 잘하고 못하고의 차이는 있겠지만, 그리 크지 않은 듯하다는 것이 내 생각.

솔직히 말해서 돈 많은 사람 한명이 2년 동안 사회에서 일해서 국방력 증진을 위해 전투기를 한 대 사준다거나 탱크를 한 대 사준다고 하면 우리 군대는 훨씬 더 강해질 수 있을 것이다. 돈 많은 사람들은 정말 많은 돈을 내고 군 면제를 받게 되면 좋은 것이고, 그 부를 좀 나눌 수 있다는 것 자체가 좋지 않을까?

돈으로 병역을 대신한다고 하면 물질적으로 부족한 사람들은 반발할 것이고, 비리도 많이 일어날 수 있을 것이다. 하지만 병사들의 급여를 높여 주고 복지를 좋게 만들면 될 것이다. 또한 민감한 병역문제이기 때문에 제도적으로 엄격하게 비리를 관리하게 되면 그리 문제 될 것은 없다고 생각한다.

물론 이 사안은 많은 국민들의 동의를 얻어야만 하고, 국민들 모두는 감정에 치우치기보다는 이성적인 시각으로 현실을 직시하여 진정 국익에 도움이 되는 것이 무엇인지 판단하여야 할 것이다.

▶ 4년제 대학과 두 번의 간부지원

나는 일반 사병이 되기 전에 장교 지원을 두 번이나 했었다. 고등학교 3년 동안 4년제 대학교를 외쳤다. 솔직히 고등학교 1학년 때에는 그런 개념조차 잘 잡혀 있지 않았는데, 그때 당시 선생님들은 여기서는 현실적으로 수능 보기가 좀 쉽지 않다고 말씀하셨다. 수능에 관련된 과목의 진도도 다 나가지 않을뿐더러, 인문과목 공부하는 시간도 턱 없이 부족하기 때문이라고 했다.

나는 그 말을 듣고 그냥 분통이 터졌다. 중학교 때 공부를 못해서 실업계 고등학교를 가기는 했지만 그 당시 나에게는 시간이 많았었는데 말이다. 1학년 때에는 생각만 가지고 있다가 2학년이 되어서 부모님께 말씀을 드리고 수능시험 준비를 하기 시작했다. 중학교 영어, 수학조차 나에게 버거웠기에 기초가 많이 필요했다. 그래서 실업계 학생들을 위한 수능 학원을 다니기 시작했고, 난 나름대로 열심히 따라갔다.

그 후, 8개월째 그 학원에 다니니 이 학원에서 가르치는 내용이 한정적이고 상당부분이 반복적이라는 것을 깨달았다. 그래서 3학년이 되던 해 3월부터 인문계 학생들과 함께 공부하고자 했기에 인문계 학생들이 다니는 단과학원에 등록을 하여 다니기 시작했다.

왜 그리도 수준차이가 느껴지는 것일까. 진도 나가는 속도부터 난이도까지 같은 수능 학원이라도 엄청난 차이가 느껴져 주눅이 들어가고 있었다. 처음에는 다시 다니던 학원으로 돌아가고 싶었지만 이겨내야만 했다.

그런 시절을 계속 지내고 수능을 마쳤는데, 성적은 모의고사보다 50점 정도 낮게 나왔다. 그렇게 긴장을 한 것도 아니었는데, 생소한 문제가 많았던 것 같다. 내가 공부를 많이 하지 않은 탓이기는 했지만 결과에 너무 실망을 했다. '이대로 나의 꿈은 무너지는 것인가' 라는 생각이 들기는 했지만, 수능점수를 반영하는 실업계 특별전형을 찾아 그 학교에 지원했다. 혹시 떨어질 것도 대비하여 전문대에도 여러 곳에 원서를 넣었었다. 그런데 이거 웬일인가 1차 합격자 발표에서 예비 합격자 1번을 받은 것이었다.

원하던 4년제 대학에 합격 후, 대학생활은 순조롭게 했고, 20살이 된 나이에 학비도 내 손으로 해결하고 싶어 2학년 때 군장학생이라는 제도를 이용해 군 장교지원을 했었다. 인문계를 졸업한 학생들과 수능점수의 격차가 적지 않았기 때문에 쉽게 낙방했다. 그 후, 육군 3사관학교에 또 지원을 했지만 역시 떨어졌다.

군 간부에 지원한 이유는 내 머릿속의 군대에 대한 인식이 좋았고, 아주 어렸을 때, 장군감이라는 소리를 하도 많이 들었다기에(?), 장학금도 준다고 해서 지원을 했던 것이었다.

대학 1학년을 마치고 빨리 병사로 가려는 마음도 있었는데 그 즈음 한창 대학 생활도 재미를 붙였고, 3사관학교 지원은 2학년을 마쳐야 했기에 2학년까지 다닌 것이었다.

2년 동안의 군 생활을 마친 지금, 오히려 그때 쓴잔을 두 잔이나 마셨지만, 그 쓴잔이 나에게 피가 되고 살이 되어 나를 더 크게 만들었던 것 같다. 하지만 그 당시에는 정말 너무 힘들었다. 체력단련 준비도 하며 꿈을 키웠었는데, 나의 20대 인생 계획을 모두 다 바꿔야 하는 상황이었다.

아픈 만큼 성숙한다고 병사생활을 하면서도 많은 것을 배웠고 많이 힘들기도 했고, 그 때 날 받아주지 않은 군대에 이제는 감사한다.

▶ 군 의무대는 살릴 수 있는 생명도 죽음으로 몰고 간다

모 방송국의 9시뉴스 시청 중, 또 안타까운 젊은 청년이 목숨을 잃게 되었다는 보도를 접하게 되었다. 행군도중 명치가 아파 쓰러졌다는데, 다음 날 아침까지 지켜보자며 두었다고 한다. 과연 군의관들은 뭘 하는지 알 수가 없다. 내과 치료(진료) 부분임에도 불구하고 외과의사가 진료를 보고 있다는 보도.

이런 뉴스를 접할 때면 세상에 하나밖에 없는 귀한아들을 군에 보내신 부모님의 마음은 어떨까? 세상의 의학이 발달하고 집단 이기주의가 팽배해 있는 현 시대에서 평균수명이 점차 늘어나고 있어 노령화 사회로 가고 있다. 또한 자식을 낳지 않으려는 젊은 부부와 하나 또는 둘만 낳아 키우는 현시대에는 국방인력이 부족한건 당연 할 수밖에 없다. 대한민국이 경제 강국이 되어 최신식 무기로 한반도를 수놓지 않는 이상, 한창 머리 회전이 빠른 시기이고, 자기 계발을 할 시기에 우리 젊은 청년들은 푸른 제복을 입을 수밖에 없다.

대한민국의 턱없는 국방비로는 그 공백을 우리 청년들과 미군이 메울 수밖에 없는 것이다. 얼마 전에는 신체검사 판정결과 4급인 젊은이도 중등교육학력 이상이면 현역 입영자로 입대하게 되었다. 이게 무슨 뜻이겠는가. 공익 근무 판정대상자였던 4급 판정자들도 현역으로 입대시킨다는 것은 그만큼 현역 입영자가 부족하다는 것 아니겠는가? 4급 판정 받은 이들은 몸 어딘가에 이상이 있다는 뜻인데, 이들을 현역 입영시켜 놓은 정책만 만들어 놓은 채 의무시설은 무엇이 변했는가? 입대 전 지병이 있는 자들도 입대해 같은 훈련과 자대 생활을 하게 된다. 몸이나 정신이 일반인과 다른 현역병들은 '관심보호 대상자'라고 칭해진다. 하지만 말만 그렇게 해놓은 것 같다. 괜히 낙인 같은 것만 같다. 우리 중대에도 이들이 여럿 있지만 이들을 위해 특별히 간부들이 관심을 가져주거나 잘해주는 것 같이 보이지 않는다. '관심보호 대상자'라고 알려지면 주위에서 보는 시선도 안 좋아진다고 느끼는지 오히려 쉬, 쉬 하는 분위기 같다. 이러한 군부대에서 어찌 고된 훈련을 받고, 자신의 몸을 아끼지 않으며 군복무를 할 수 있다는 말인가?

입대 전에 이런 말을 들은 적이 있다. '둥글게 둥글게 2년 동안 중간만 가면 쉽게 군 생활 할 수 있다'라는 말, 요즘 이런 보도를 접하다 보면 문득문득 떠오르고, 몸에 와 닿는다. 훈련병 시절, 존경하는 분이었고 꽤 군인다운 분이셨던 중대장님께서는 이런 생각을 갖게 되면 우리나라 국방력도 중간밖에 안 되는 것이라고 하셨기에 좀 따라보려 하는데 잘되지 않는다. 이런 보도를 접하게 되면 의무대를 의심하게 되고, 모든 일은 할 때 자신의 몸을 먼저 생각하게 된다. 그렇게 되면 조금이라도 위험하다고 판단하게 되면 서로 미루게 되는 것이고, 일에 능률도 떨어질게 분명하다.

군에 와서 자유가 억제된 생활 속에서 고된 훈련을 받으며, 먹는 것도 제대로 먹지 못하고 있는데, 병에 걸려도 치료를 못 받는다면 이 얼마나 억울한가. 군의 능력이 민간 시설에 미치지 못한다면 환자가 발생하면 급히 환자를 민간병원으로 후송할 수 있는 헬기나 차량이라도 시급히 마련해 놓았으면 하는 바람을 가져보며 오늘도 난 몸조심, 건강 주의보다.

낭만 군인

군인들에게 눈은 반갑지 않다. 제설작업 후

나의 눈에는 군용품은 글을 만들어내는 소재이고 향수이고, 추억이다. 가족, 편지, 여자친구, 군복, 군번줄(인식표), 전투모, 각종 휴가, 간부, 구속과 자유. 이 밖에도 많지만 생각나는 대로 틈틈이 적기도 하고, 내가 책을 쓰겠다는 의지를 매일매일 굳게 다졌다.

▶ 독서

솔직히 일, 이등병 때에는 많은 책을 읽지는 못했다. 나만의 개인 정비 시간도 부족했거니와 설사 시간이 있었다고 해도 뭔가 내무실에서 일을 해야 할 것 같은 눈치와 분위기가 그랬다.

그래도 난 운이 좋게도 일병 때 통신파견을 나가서 꽤 여러 권의 책을 읽은 기억도 난다. 50여 권의 책들은 종류를 불문하고 눈에 보이는 대로 읽은 책들이다. 진중문고라고 군부대 장병들에게 보급되는 책들이 있는데 주로 그 책을 봤다. 문학, 비문학, 심리학, 기행문, 종교서적에 이르기까지 종류는 다양했다.

입대하기 전에도 책을 좋아하기는 했었는데, 내가 좋아하는 부류만 골라 읽는 편이었고, 책을 깊게 이해하려하기보다는 多讀에 신경을 써서 머릿속에 오래남지 않는 기억들이 있다. 하지만 부대 내에서는 내가 좋아하는 장르의 책이 많지 않기 때문에 읽었던 책을 한 번 더 읽는 일도 자주 있었고, 평소에 그렇게 습관을 들여 읽다보니 이전과는 또 다른 느낌이었다. 시간의 여유를 두고 독서를 하니 머릿속에 아주 자세한 그림들이 나타났고, 그 기억 또한 더욱 오래 남았다. 과거에 시간에 쫓겨 빠른 시간 내에 조급히 책을 빨리 완독하여 얻는 성취감과는 사뭇 다른 느낌이었다.

또한 책을 읽다보니 많은 것들도 배우고 느끼게 되었으며 책들은 거의 다 양서인 것처럼 느껴졌다. 책을 읽을 때마다 우와! 우와! 하며 감탄을 할 때가 정말 한두 번이 아니다. 정말 이렇게 하면 되겠구나. 난 왜 이러한 방법을 몰랐을까? 삶의 지혜를 가장 많이 배우고 성공한 사람들의 에세이를 봤을 때는 나태해진 나의 모습을 돌아보고 나를 채찍질하는 데 많은 도움이 되었다. 나만 그린지 사람은 모두 다 그런지는 잘 모르겠지만, 한창 긴장하고 하루하루를 살다가도 잠깐 나의 모습을 봤을 땐, 늘어진 고무줄처럼 축 늘어져 며칠을 보내고 있을 때가 있다. 그런 때 부족한 에너지를 채워주는 영양제와도 같은 책이 너무 좋다.

〈7막7장 그리고 그 후〉

이 책의 가장 장점이라고 할 만한 것은 많은 사람들의 '말, 말, 말'이다. 평소에 늘어진 고무줄처럼 축 쳐진, 혹은 해이해져버린, 마음을 다시 회복시키고 긴장시켜줄 수 있는 많은 말들이 적혀 있다. 이런 말들을 찾아내고 책에 옮긴 글쓴이가 대단하다고 말할 수밖에 없다. 언뜻 보면 이 책은 글쓴이 홍정욱이 자신은 하버드를 나왔고, 무너져가는 신문사를 살린 영웅으로, 잘난 부모님과 가정에게 열심히 공부해 훌륭한 사람이 되었다라는 잘난 척만 한 책으로 보일 수도 있다. 그렇다면 글쓴이의 의도를 져버리는 것이고, 아직 정신이 어리다고 해야 하나?

 물론 영어를 잘하시는 장한 어머니, 자식을 사랑하는 마음으로 일평생 살아오시며 헌신하신 아버지와 온 가족들의 기도가 홍정욱의 앞날에 큰 도움이 되었을 것은 틀림없다. 하지만 어둔 밤에 화장실의 불빛에 기대에 노력한 홍정욱이 아니었다면 지금의 그의 모습이 있었을까? 자신이 가진 것은 보지 못하고 현실에 불만족하며 살아가는 사람은 그 불평 때문에 진정 이루고자 하는 일을 이룰 수 없을 것이다! 나도 저 사람 같은 환경이라면 할 수 있을 것이다, 과연 그랬을까? 자신이 지금 가진 것들을 한 번 보라. 다른 사람이 갖지 못한 건강한 몸이 있지 않은가. 무엇이든 할 수 있을 것이다. 가지고 있었던 사람의 성공보다. 좀 덜 가지고 있었던 사람의 성공이 더욱 빛날 것이다.

〈장남으로 살아가기〉

 부모님의 말씀을 경청하고 존경해야 하는 것은 나보다 학식이 짙거나 배운 것이 많아서가 아니다. 아무리 無學에 땅만 보고 살아오신 무지렁이 같은 분이라도 자식에게 내어 줄 만큼의 지혜로움은 다 가지고 있는 법이니

 "됐어요, 아버지가 뭘 안다고 그러세요!"

 아무리 생각 없이 내뱉은 말이라도 부모님의 가슴은 찢어진다.

〈서경석의 병영일기〉

 군 생활을 하고 있는 나로써 많이 공감 가는 부분이 많다. 하지만 군대 생활의 장점만을 너무 부각시키는 책이 아닌가 싶다. 전역 후 책을 한 권 내보려는 나와는 다른 생각이다. 다른 것보다 서경석이 정신 차리고 군 생활을 열심히 해나가는 대목이 기억에 남는다. 군인이라는 핑계로 틈틈이

남는 자투리 시간을 무의미하게 흘려보내는 것은 아닌지, 막사 옥상에서 세상을 봤을 때 세상의 전광판은 오늘도 쉼 없이 바뀌고 있는데, 멈춰버린 곳에 있는 것은 아닌지. 그렇다, 지금 이 시간에도 세상은 끊임없이 변화하고 있고, 시간은 흘러가고 있고, 더불어 발전해 가고 있다. 빠른 변화와 발전 속에 군인들도 함께 있는 것이다. 난 지금은 군인이지만, 얼마 후면 전역한다. 전역 후에는 군인이 아닌 민간인으로서 평생을 살아가야 한다. 민간인이 되면 다른 사람들과의 경쟁에서 지지 않기 위해 지금 이 순간에도 최선을 다해야만 한다. 틈새시장을 노리자, 틈틈이 남는 시간을 잘 활용하자.

〈아버지〉

요즘 경제가 어려워서인지, 시대가 변해가는 과정에서 나타나는 현상인지 예전의 아버지의 권위는 점점 사라져만 가고, 있는 것 같다. 내 눈에는 왜 이리도 아버지라는 자리가 서글퍼 보이는지 모르겠다. 김정현의 '아버지!' 싸이의 '아버지', 불과 몇 십 년 전만 해도 여성들이 가지는 사회적 자리는 그리 크지 않았는데, 남성들이 가지고 있던 자리에 여성들이 진출하면서 자연스레 남성들의 설 자리는 줄어들고, 그것이 능력으로 비춰져 아버지들의 힘이 약해지는 것으로 볼 수 있을 듯하다.

이 책에서 아버지는 직장에서 스트레스를 받았는지, 술을 좋아하는 듯 보인다. 책의 서두 부분에 의사 친구로부터 췌장암 말기라는 선고를 받고, 식구들과 너무 떨어져 있다는 것을 느낀다. 행정고시를 합격하고도 동기들과의 진급 경쟁에서 계속 뒤처지고, 게다가 뒤처지는 이유가 실무 능력보다 학력이나, 혈연 등으로 뒤쳐진다는 것은 회의가 들 만하지만, 그 화를 친구와 밤늦게 술로 해결하고 가족들과 함께 상의하고 대화를 못했다는 것도 한정수의 실수이다.

5개월 남짓 남은 자신의 생을 남은 가족들에게 피해를 조금이라도 덜 주기 위해 의사친구에게 부탁하는 그의 모습은 진정한 아버지의 모습이 아닌가 싶다. 췌장암이라는 병이 생기기 이전에 더욱 자신을 생각하고 가족들과 함께 하는 시간을 가졌다면 하는 아쉬움이 든다. 내가 '한정수'라는 사람이었다고 해도 나도 그와 같은 생각을 했었을 것 같다. 살아날 희망이 거의 없고, 조금이라도 덜 상한 자신의 장기 일부분을 살아 있는 다른 누군가에게 기증한다면 그보다 값진 일이 어디 있으랴. 이 소설은 처음부터 끝부분까지 슬픔과 감동을 함께 준다. 지금 이 시대에 살고 있는 쓸쓸한 아버지의 위치, 하지만 그 쓸쓸함을 바꿀 수 있는 것도 아버지가 해야 할 일이다. 그런 병이 오기 전에 자신의 건강을 미리 생각하는 것이 다른 사람도 위하는 것임을 아버지는 몰랐을까?

〈20년 후 너희들이 말하라〉

인생은 시간과의 싸움이다. 시간의 노예로 질질 끌려가며 한평생을 보내기보다 시간을 내 것으로 만들어 삶을 윤택하게 할 자는 일하는 자세에서 갈라진다. 지식이 없는 선은 약하고 깨지기 쉬우며, 선이 없는 지식은 위험하다.

▶ 자작시
꿈

내가 현실에 불만족하는 이유는
만족을 향해 정진하기 위함이고
어려움이 있어도 참아내는 이유는
미래에 넓게 펼쳐질 내 꿈이 있기 때문이다

당신들은 모르오

당신들은 모르오, 나의 고통을
겪어보지 않은 당신들이 어떻게 알겠소
자신들의 이익에 눈이 멀어
나의 살도 뜯어 먹으려는 당신들

지금 위로가 필요한 건 나
나를 희생하여 당신들에게 득이 될 수는 있겠지만,
세상의 시련을 못 이겨 내게 부리는 투정까지
내가 받아준다면 내가 너무 불쌍하오

내가 잠시 세상을 꿈꿨을 때 회복할 수 있는 시간을 주시오
훗날 내가 세상에 나아가
그 때의 모습을 기억했을 때 당신들 때문에
회복하여 살 수 있었다고 말할 수 있도록…

사랑이다

머리끝에서 발끝까지 뼛속까지 사랑해야 사랑이다
사랑하는 사람을 위해 내가 가진 모든 것을 버릴 수 있어야 사랑이다
머릿속에서 지우려고, 잊으려고 해도, 오랜 시간이 지나도 잊히지 않아야 사랑이다

어떠한 장애물도, 어떠한 고통도 함께 이겨낼 수 있어야 사랑이다

머리로 하는 사랑과 배경을 보고 하는 사랑은 사랑이 아니다

사랑하는 데 이유가 있으면 그것은 사랑이 아니다

사랑은 그래서 어렵다

이것이 내가 이별을 통해 배운 사랑이다

이별

이별이 슬픈 건 뭔가 잃었다는 공허함 때문이다.

비록 필요에 의해 구입한 볼펜 한 자루와의 이별일지라도

하지만 나의 슬픔은 공허함이 아니다.

내가 청한 이별이 그에게 상처가 될까하는 걱정이 공허한 슬픔을 가리기 때문이다

편지

걱정하고 계실 사랑하는 나의 가족에게…

먼저 걱정하지 말라는 말씀을 드리고 싶습니다. 뭐 항상 그래왔듯이 이 아들 김봉주 건강하고 늠름하게 국방의 의무를 잘 수행하고 있습니다. 집에 있을 때 그랬었던 것처럼 아주 듬직한 대한민국의 아들로 태어날 준비를 하고 있습니다. 얼마나 아들 걱정하고 계셨습니까? 저도 이렇게 지금 편지를 쓰지만 더욱 일찍이 쓰고 싶었지만 시간을 주지 않았습니다. 오늘은 일요일입니다. 27일.

이제 군대생활을 시작한지 일주일이 되었는데 많이 할 만합니다. 군대 오기 전에는 학과공부와 학보사 일, 그리고 잡다한 생각들과 미래에 대한 걱정으로 많이 바쁘게 지냈는데, 지금의 군대는 정말 편하고 좋은 것 같습니다. 일단 공부와 학보사 일을 안 한다는 것이 너무 좋고, 다른 별 걱정이나 생각 없이 시키는 일만 잘하면 욕먹을 일도 없습니다.

때 되면 밥 다주고, 운동도 시켜주고, 잠도 많이 잡니다. 월요일부터 금요일까지는 PM 10:00~AM6:00까지, 토요일과 일요일은 PM10:00~AM7:00

까지 잡니다. 가끔 불침번(1시간 정도 수면시간 중간에 일어나서 내무 인원 지키기)을 서긴 하지만, 충분히 수면을 취하는 시간입니다. 제가 지금 있는 곳은 논산 훈련소인데 이곳에서 4월 29일까지 있다가 통신병과 후반기 교육을 4주 정도 받고 자대배치 받을 것 같습니다. 7월 초가 되면 100일 휴가에 갈 텐데 그때까지 보고 싶은 아들 얼굴, 정말 보고 싶으시겠지만 조금만 더 참으시길 바랍니다.

군복하고 모자, 군화도 몸에 잘 맞는 것들로 골라서 편하게 잘 입고 있고, 먹는 건 아주 끝내줍니다. 소고기 미역국도 가끔 나오고, 야채들도 많이 나와서 제가 먹기에도 충분한 반찬들이 나옵니다. 닭고기와 돼지고기를 피해서 먹어도 한 그릇을 뚝딱 해치울 수가 있어요.

또한 변도 잘 보고 있어도 하루에 한번 아침에 꼬박꼬박! 아주 잘 적응했다는 증거이기도 하지요. 제가 군 생활을 하는 도중 머리가 정말 많이 쉴 것 같다는 느낌을 받는데 한 가지 끊이지 않는 고민거리는 상병이 되어서 '장교지원을 할까? 말까? 라는 것입니다. 이것 말고도 미래에 대한 걱정과 설계를 생각하겠지만요. 그래서 최대한 머리를 썩이지 않도록 하겠습니다.

그리고 동생아, 너도 나처럼 새로운 대학이라는 공간에서 많은 고생을 하고 있을 거라고 생각한다. 학과 공부는 어떻게 하고 있으며, 동아리는 어떤 것을 하고 있는지, 친구들은 많이 생겼는지 많이 궁금하다. 오빠가 군대에 와서 후회하는 게 단 한 가지 있다면 학과 성적이다. 오빠는 그래도 거의 만점에 가까운 사람이었어, 학교에서는 듬직하게 행동해서 날 신뢰하는 사람들도 많았고, 날 좋아해주고 따라다니는 사람도 많았지, 학보사 생활도 열심히 했기 때문에 대학생활 2년은 정말 기억에 남을 추억들로만 가득하니까. 비록 성적장학금은 아니더라도 얼마 안 되는 장학금으로 부모님께 효도도 하고 말이지. 근데 동생아! 가장 중요한 건 건강이란다. 물론 군대 생활하는 오빠는 건강이 나빠질 수가 없고, 또 나는 내가 잘 챙기는 것 네가 더 잘 알잖니. 오빠는 대학 때까지 잘 아파본 적도 없다. 알지? 그러니까 너도 아프지 마라. 지금의 너의 건강상태는 오빠가 잘 알 수 없지만, 너도 이제 20대의 완전한 성인이고, 많은 자유를 가진 대학생으로서 많은 자유 속에서 그 만큼의 책임이 뒤따르는 건 너도 잘 알거다. 대학 4년은 정말 짧다. 하지만 짧지만 정말 아주 중요해. 앞으로 40년을 어떻게 살지는 4년에 모두 결정된다 해도 과언이 아니다. 무슨 말인지 알지? 공부 열심히 하라는 거다. 4년 동안은 정말 시간을 헛되이 보내지 않는 동생이 되었으면 좋겠다. 오빠가 없는 빈자리도 네가 채울 수 있는 그릇정도는 되겠지? 절대 부모님에게 복종하고, 부모님을 힘들게 하지 말고, 규칙적인 생활을 해. 오빠가 군대 와서 잔소리만 늘었다고 말할 수도 있겠지만, 군대에서도 배우는 게 많은 것 같아. 중대장(대위)이 직접 '동화교육'이라는 것도 해주고, 정말 좋은 말, 피와 살이 되는 말 많이 해준다. 물론 네가 상상조차 하기 힘든 명령조이긴 하지만 말이야. 상상은 할 수 있으려나? 아냐 군대를 경험하지 않으면 몰라. 그렇다고 군대를 지원하라는 말은 아니다.

"아무 생각 없이 꼭 해야만 하는 것을 시켜주는 곳, 자유시간이 적은 곳 = 군대"

"아무 생각 없이 열심히 해야만 하는 것을 스스로 해야 하는 곳, 자유가 있는 곳 = 사회"

너는 사회인이고, 나는 군인이다. '사공이 많으면 배가 산으로 간다' 고 그러잖아. 나도 대학 다닐 때 너무 잡생각만 많았던 것 같아. 주어진 일만 잘해. 꼭 오늘 일을 내일로 미루지 말고…. 영어 열심히 하고. 동생 힘내라!

그리고 어머니, 엄마. 눈물은 흘려도 마음 아파하지 마세요. 아들 정말 잘 있답니다.

　엄마 공부는 얼마나 잘하고 계신지 궁금하네요. 40여 년을 넘게 부모, 형제, 자식들을 위해 사셨으니 이제 자신을 위해 사는 어머니가 되셨으면 좋겠습니다. 이제 동생과 저는 어린애가 아닙니다. 다 잘하고 장성하여 성공할 테니까 고등학교도 가시고, 대학도 가셔서 못 다한 학업의 꿈을 이루시기 바랍니다. 그리고 엄마, 절대 중요한건 건강이라는 것을 잊지 마시고요, 탄 음식 먹지 마세요. 자식들보다 엄마 자신이 먼저입니다. 진짜 인생이 짧게 느껴져요. 어른께 드릴 말씀은 아니지만, 국방부 시계도 빠르답니다.

　엄마, 항상 꼭 건강 유의하세요. 건강! 건강! 이 세상에서 엄마를 1등으로 사랑해요. 예전에 제 핸드폰에 저장된 1번이 엄마였던 거 아시죠?

　그리고 우리 집에 가장 큰 기둥 아버지. 기둥이 흔들린다면 아무리 튼튼한 지붕도, 아무리 튼튼한 담이나 문도 모두 다 무너질 수밖에 없다고 생각합니다. 문은 하나 떨어져 나아가도 집이 되지만 큰 기둥이 무너지면 집은 무너지고 말죠.

　가족들의 힘이 되어주시고, 아버지도 밖에서 일하시는데 힘든 줄은 알지만 아버지의 어깨는 가벼울 수 없다고 생각합니다. 오직 사랑으로 식구들을 바라보고 지켜주세요.

　우리 식구들 중에는 '사랑한다' 는 말을 식구들에게 하는 사람은 저밖에 없는 것 같아요.

　'생각이 바뀌면 행동이 바뀌고 행동이 바뀌면 인생이 바뀐다' 라는 말이 있는데, 물론 군대에 와 있는 아들이 자리가 크게 느껴지시겠지만, 모두들 각자 식구들을 사랑한다고 생각을 먼저하고 말과 행동으로 표현해 줄 수 있었으면 좋겠습니다. 그 가운데 아버지가 계셨으면 하는 바람이고요.

　이것저것 시간이 많지 않아서 편지 글의 순서도 잊은 채 생각나는 대로 펜이 움직이는 대로 막 썼습니다. 한 일주일만 지나면 편지 쓸 시간이 많아질 거라고 하긴 하는데. 아버지, 어머니, 동생아! 아직 나이도 어린 제가 알면 뭘 얼마나 안다고 훈계하고 가르치는 글을 썼냐고 하시겠지만 제가 생각한 마음을 적은 겁니다. 부디 기분 나쁘게 생각하지 마시구요. 제 걱정은 개미 눈곱만큼도 하지마세요. 보고 싶은 건 어쩔 수 없겠지만요. 이 편지의 목적이 걱정하실 부모님을 위해 쓰는 서신인데, 아무튼 모두들 건강하시고, 바쁘게 지내세요. 바쁘고 자유시간이 없어서 시간이 빠른 것 같더라고요. 2년 금방 갈 겁니다.

하나님의 사랑과 은혜가 충만하길 기도드리며….

2005년 3월 27일
이 세상에서 하나뿐인 우리 사랑하는 아버지, 어머니, 동생에게 신성한
국방의 의무를 마치기 위해 잠시 여행을 떠난…
건강한 군인이 되어 돌아갈 아들 김봉주가 정성을 다하여 올림!

사랑하는 나의 가족들…

손쉽게 연락할 수 있고, 목소리를 들을 수 있는 공중전화 때문인지, 군인에게 가장 어울리는 연락수단인 편지를 잠시 잊고 있었습니다. 날씨가 추운데 건강은 어떠신지 궁금합니다. 어머니의 목소리가 많이 안 좋게 느껴지던데….

감기 기운이 좀 사라졌는지 궁금하네요. 날씨가 꽤 추워졌으니 옷도 잘 챙겨 입으시고 따듯한 차도 많이 드세요. 커피 맛있다고 커피만 드시지 마시고, 생강차 같은 것들도 많잖아요.

자대에 있을 때에는 눈코 뜰 새도 없이 바쁜 날들이 계속되고, 일과도

매일 다른데 파견지는 일과도 단순하고, 매일 같은 업무를 하는데도 2개월 넘게 이곳에서 생활한 것이 전혀 지루하지도 않았고, 얻어가는 것도 많은 것 같아요. 그 곁에는 책이 있었기 때문이겠죠.

이곳에는 도서관이 있는데, 도서관이 생긴 지도 얼마 안 되었고, 책도 많이 있어서 너무 좋습니다. 물론 대부분이 새 책이라서 좋았고, 읽고 싶었던 책들도 많이 읽다가는 것 같습니다. 제가 주로 읽었던 책들이 전문서적들이 아니고 소설류였기 때문에 재미를 많이 느꼈습니다. 특히 최근에 읽은 '아버지'와 '가시고기'라는 책은 가슴이 찡한, 기억에 오래 남을 책으로 손색이 없는 것 같습니다. 이 두 권의 책의 공통점은 결말이 '해피엔딩'이 아니라는 것과 아버지가 자식에게 베푸는 한없는 사랑에 있다고 봅니다. 해피엔딩이 아니라는 것이 어쩌면 목숨까지도 버릴 수 있다는 아버지의 사랑에 빛을 더해주는 효과가 될지도 모르지만, 어쨌든 책의 마지막 장을 넘길 때에는 아쉬움과 안타까움이 마음에 오래 남은 책이었습니다.

두 작품 모두 소설이기에 작가가 지어낸 이야기이고, 작품 중간 중간에 허구성도 많이 있을 텐데, 분명 이런 일들이 세상에는 즐비할 것 같다는 생각을 했습니다. 전혀 만들어낸 것 같지 않은 감동과 책을 마음으로 읽었습니다.

이 책들의 주인공, 등장인물들과 같은 아픔이 우리 가정에 없다는 것이 얼마나 다행한 일이고 축복된 일인지 새삼 느끼게 되었습니다. 정신과 육체가 건강했다면 있지 않을 일들일 텐데….

역시 가정은 혼자서 잘한다고 되는 것도 아니고, 한 사람만이라도 어긋나 있다면 온전히 서 있을 수 없다, 라고 느끼기도 했어요. 물론 가장 기초가 되는 것은 가족들의 건강이겠죠. 그러니까 모두들 건강 조심하시길. 특히 아버지와 어머니….

자식들을 위해 희생하시고 보살펴주시는 것도 감사하지만, 부모님들께서도 건강을 잃으시면 결코 가정에는 웃음이 있을 수 없으니까요. 한비야 책에서 봤는데, 한비야도 몸살 걸려서 한참 고생하는 대목에서 나이는 어쩔 수 없다고 느꼈나 봐요. 그러고서 몸을 잘 챙기게 되더라는.

사람의 평균 수명을 80세까지 라고 봤을 때 봄은 1~20, 여름은 20~40, 가을은 40~60, 겨울은 60~80이래요. 이것도 한비야 책에서 본 건데 봄에는 따스하기도 하지만 꽃샘추위도 있고 하니까 긴팔에 얇은 점퍼도 입잖아요. 여름에는 한참 짧게 입고 다니고, 가을에는 추우니까 좀 더 껴입고, 겨울에는 완전 두껍게 입잖아요. 그런 것처럼 옷을 영양소라고 생각하시고 많이 보충 해주는 게 좋데요. 특히 제철과일과 운동. 요즘 한창 귤이 나올 때인 것 같은데 많이 드시고 힘내세요!

요즘 군대는 정말 하루가 다르게 바뀌어 가는 것 같습니다. 어쩔 때에는 군대가 아니라 극기 훈련 학교에 온 것 같기도 해요. 일과시간이 있고, 쉬는 시간이 있고….

지난번 편지에 이 구절을 썼는지 안 썼는지 잘 기억이 나지 않아서 다시 한 번 쓸게요.

'가정은 행복을 저축하는 곳이지, 행복을 채굴하는 곳이 아니다. 서로 얻으려고만 하는 가정은 늘 불안하나 주려고 하는 가정은 화목하다. 하루하루 조금씩 가정에 행복을 저축하자. 서로 얻으려고 하지 말고, 조금씩 주려는 마음을 기르자'

이 구절은 화장실에서 소변보다가 소변기 위에 눈높이에 적혀 있던 구절인데, 읽어보니 마음에 와 닿아서 메모지에 적어 놓았다가 편지에 옮겨 적은 것이에요. 이 글을 보며 예전에 저의 모습이 얼마나 부끄럽고 바보 같은 짓이었는지 느끼게 되었습니다. 집 밖에서 받은 스트레스를 집에서 풀려고 짜증도 많이 내고 그랬었던 기억들. 왜 그때에는 저만 생각하며 짜증을 냈었을까요. 분명 아버지, 어머니도 집밖에서 받으신 스트레스가 많으셨을 텐데. 힘이 되어줄 생각은 못하고 오히려 짐이 되었을까. 그때에도 모두 받아주신 부모님들이셨는데, 역시 어른들은 다른 것 같아요. 그때에는 제가 어려서 그랬으니까 모두 용서해주세요. 언제부턴가 제가 쑥쑥 자라나는 것 같은 느낌이 들어요. 지나와서 생각해보니 대학교 1학년 때까지만 해도 2학년 때부터 달라진 것 같은 느낌이 드는데 그래도 아직 먼 것 같아요. 세상에는 정말 제가 모르는 게 너무나도 많거든요. 책을 읽다 보면 '아하! 그렇구나' 라고 느끼는 반면 '왜 난 이것을 몰랐을까?' 다른 책을 봐도 계속 '아하!' 만 연발하고. 배움이 그래서 재미있는 건가 봐요. 모르는 것을 알게 해주니까. 어머니께서도 계속 느끼시겠죠?

시간은 참 빠른 것 같아요. 벌써, 곧 제가 9개월 정도 군 생활을 했으니까요. 곧 12월도 지나갈 테고, 2006년이 오겠죠. 지금은 마음 편하게 아버지, 어머니, 동생이 얼굴 볼 수 없지만 매일매일 볼 수 있는 날이 곧 올 거예요. 아버지는 3년이라는 시간 동안이나 고생하셨는데 2년은 그에 비하면 별것도 아니죠 뭐.

물론 짧지 않은 시간이지만 나보다는 조국과 국민들을 생각하고 국방의 의무를 다했다는 자부심을 갖게 해주는 시간이라고 좋게 생각해두려고요. 그래야 나중에 술자리에서 얼굴에 철판 깔고 뻔뻔스럽게 군 생활 힘들게 했다고 말할 수 있을 테니까요. 뭐 그리 힘들지도 않지만.

이번 달 15일에 거의 복귀 확정적인 것 같아요. 자대에 가면 바로 외박 나갈 수 있을 것 같기는 한데, 전화 통화에서 말씀 드렸듯이 확실하게 언제 나갈 수 있을지는 모르겠네요. 만약에 많이 미루어지거나 통제를 당하게 되면 면회하면 되죠. 집도 먼 거리도 아닌데.

아들 건강히 잘 있으니까 걱정 마시라고요. 군대 오기 전에도 다른 애들보다 씩씩하고 건강했었잖아요. 지금도 마찬가지에요. 좋은 것만 배우려 하고, 나쁜 것을 멀리하고 있어요.

모두 항상 건강하세요. 어머니, 아버지, 동생 모두가 건강히 행복하게 잘 있어야 군 생활 하는데 힘도 날 테니까요.

건강, 건강, 건강이 최고입니다. 그럼 여기서 줄일게요. 사랑해요!

2005. 12. 7
파견지에서 사랑하는 아들, 오빠가
가족 모두에게 올림.

곧 입대를 앞두고 있거나, 입대한지 얼마 되지 않은 청년들에게…

건장한 몸을 가진, 군인이 될 수 있는 자격을 가진, 국방의 의무를 지킬 수 있게 된, 당신은 자랑스러운 대한 건아이다. 사나이 중의 사나이 라는 것에 자부심을 가지고, 건강한 청년으로 성장할 수 있도록 도와주신 부모님과 옆의 지인들에게 감사하게 생각하는 것이 좋다.

군복무를 한다는 것은 조국을 사랑한다는 것이고, 남을 위해 희생한다는 것이며, 사회와는 다른 많은 것들을 느끼며 익힌다는 것을 의미한다.

군복무를 하는 중에는 분명 희열도 느끼고, 좌절도 느끼며, 기쁨, 슬픔, 인내, 그리움, 감사, 분노 등 많은 것들을 느낄 것이다. 물론 사람마다 약간은 다를 수도 있겠지만, 사회에서 느낄 수 없던 것들을 느낄 수 있다는 것은 분명하다.

가장 먼저 해주고 싶은 말은 2년여 동안의 복무기간 중 참아야할 일들이 가장 많을 것이고, 자신으로 인한 사고가 발생할 경우 책임은 모두 자신만이 져야한다는 것이다. 군대에 갈 나이라면 스무 살 이상의 성인임에 틀림없다.

자신은 이제 어린이가 아님을 인식하고, 어른이라고 생각하는 것이 좋다. 입대 후에 자신으로부터 벌어지는 모든 언행에 있어 신중해야 한다는 것이다. 가령, 설사, 예를 들어 휴가나 외박 복귀시간에 잠시 다른 생각을 하여 몇 시간 늦게 연락 없이 복귀를 하게 되면 그에 따른 징계가 내려진다는 것이다. 복귀 시간에 늦게 되면 그 이유와 복귀 예정시간을 사전에 해당 부대에 연락하면 징계를 피할 수 있다.

내가 이등병 때에 타 중대 이등병이 백일휴가 복귀 일에 연락도 하지 않은 채 복귀를 하지 않은 사건이 있었다. 밤 10시가 넘은 시각 잠을 자려고 했는데 그 소문이 부대 전체에 퍼졌다. 이등병 하나 때문에 휴일인데도 불구하고 대대장님과 타 중대장님들 까지 모두 비상소집 된 일이 있었다. 그 이등병은 몇 시간 후(새벽 2~3시쯤) 붙잡히게 되었는데, 그 이후 소식은 들은 바 없다.

보나마나 구속 또는 징계위원회다. 자신이 생활하는 중대 게시판을 보게 되면 '사고, 사례' 라는 것이 게시되어 있을 것이다. 그 게시물에는 사고에 관한 조치도 나와 있다. 물론 외부유출은 금지되어 있는 게시물이다.

그 게시물을 보면서 느끼는 점은 '나는 저러면 안 되겠구나' 라는 생각과 이 수많은 사고들이 언론에 나타나지 않는 것을 보면 '언론에 나타나는 사고들은 정말 굵직굵직한 사고들만 나오는 것이구나' 라는 것을 단번에 알아차릴 수 있다. 이것을 보며 흐트러진 나의 마음을 다잡기도 했다. 이처럼 군대 안에서는 수많은 사고가 일어나고 그에 대한 조치도 분명 이루어진다. 군복을 입는 순간 민간인이 아닌 군인임을 가슴에 새겨야 한다. 그렇다고 너무 겁먹을 필요는 없다. 군대도 작은 사회집단이고, 사람 사는 곳이기 때문에 흐트러진 마음만 굳게 먹으면 별다른 사고 없이 생활 할 수 있다. 대한의 병사라면 훈련병, 이등병, 일병, 상병, 병장의 시기를 대부분 거칠 것이다. 대부분이라는 표현을 사용한 것은 그렇지 못할 병사도 있을 수 있기 때문이다.

 계급이 없는 훈련병 시절에는 많은 동기들과 함께 훈련을 받고, 군대라는 곳은 이런 곳이구나, 라는 생각을 할 때쯤 이등병이라는 계급장을 달게 될 것이다. 5주 훈련 간에는 정말 군 생활 중 가장 바쁜 시기가 아닌 듯싶다. 매일 새로운 훈련 속에서 힘들고, 낯선 생각에 부모님과 친구들이 그립게 된다. 일과를 마치면 피로한 몸을 부추겨 장구류 수입을 해야 하고, 틈틈이 편지도 써야만 한다. 휴일에는 주중에 미비된 개인 정비와 단체로 해야 하는 작업 때문에 마음 놓고 쉴 수 있는 시간이 그리 많지 않다. 훈련병 생활을 마치고 이등병이 되어본 사람들 중 훈련병 시절이 길게 느껴졌다고 말하는 사람은 그리 많지 않을 것으로 본다. 훈련병일 때에는 열심히 훈련만 받으라고 말해주고 싶다. 태어나서 처음으로 만져보는 수류탄과 실탄 그리고 총. 모든 것들이 낯선 것들 일 텐데 소홀히 했다가는 나뿐만 아니라 옆 전우를 다치게 할 수도 있기 때문이다. 훈련병 1, 2주차에는 적응이 잘 안되겠지만, 적응하도록 스스로 노력해야 한다. 나만 힘든 것이 아니고 바로 옆에 있는 전우도 똑같은 심정임에 틀림없으니까.

 그래도 몸이 힘든 시기이지, 마음이 힘든 시기가 아니기 때문에 지나고 나서 그때를 회상해 보면 그때가 가장 재미있었고, 덜 힘들었던 시기였음을 느끼게 될 것이다. 훈련병의 시절을 마치고, 이등병이 된 후 자대배치를 받게 된다.

 이등병은 자대배치 후 무엇보다 배우려는 마음가짐을 갖는 것이 중요하다. 자신이 배치 받은 중대에는 대부분이 자신보다 높은 선임이고 간혹 후반기 교육을 받지 않고, 훈련소 퇴소 후 바로 자대에온 전우와 동기가 있을 수 있다. 새로운 환경만이 있기 때문에 군대 예절부터 시작해서 하는 일들까지 모르는 것들이 태반이다. 그렇기 때문에 그 상황에서 조금이라도 빨리 적응을 하고 선임들에게 "이번에 들어온 신병은 A급이야."라는 소문을 듣고 싶다면 빨리 배우는 것 밖에 없다. 물론 바로 윗선임이 적응을 하는데 큰 도움을 줄 것이다. 모르는 것도 물어볼 수 있으며, 가장 오래 군 생활을 함께 해야 하는 선임이기 때문에 친해질 수밖에 없고 반드시 친해져야만 한다. 또 한 가지 중요한 점은 사람은 첫인상이 정말 중요하다는 것이다. 처음에 막내로써 무엇이든 하려고하고, 의욕이 넘치는 모습을 보여주는 것이 중요하다. 전입 초반에 이미지가 안 좋게 찍혀버리면 순식간에 다른 선임들에게 그 이미지가 전파되고, 나쁘게 찍힌 이미지를 좋게 만들기는 쉽지 않기 때문이다.

어차피 가게 된 것이고, 피할 수 없다면 즐기라는 말이 있다. 이 말이 정말 말처럼 쉽지 만은 않지만, 정말로 대한민국 남성이라면 피할 수는 없다. 건강히 전역하는 것이 최고이고, 모두에게 좋은 일이 될 것이다. 당신의 앞날에 축복이 깃들길 소원한다.

To. 민간인 김봉주에게

2년 동안 정말 수고가 많았다. 국방의 의무를 지키느라 젊음의 2년을 국민을 위해 희생하고 건강히 전역을 하는 너에게 내가 박수를 치며 축하를 한다.

이제 너는 성인이다. 군대도 무사히 마쳤고, 대학 3년생에, 나이도 23살. 한 가정의 장남이고, 장손이며 건실하고 튼실한 대한의 남아이다. 스스로의 일에 책임을 가지고 행동하며 큰 꿈과 포부를 가지고 남은 인생을 개척해 나아가야 한다.

나는 金奉柱이다. 어떤 일이 닥쳐와도 꿋꿋하게 이겨낼 수 있다. 군 생활의 어려움을 이겨낸 만큼 인생에서 어려움도 네 군 생활처럼 슬기롭게 해나갈 수 있을 거라고 생각한다.

07. 03. 20 얼마나 기다렸던 날인가. 학교 복학을 바로 하니 군인이었다는 생각도 금방 잊혀진다.

군 생활은 잘하든 못하든 견디기만 하면 되는데, 학교생활과 사회생활은 전혀 그렇지가 않다. 잘해야만 살아남을 수가 있다.

사회생활을 앞둔 봉주야, 힘내! 넌 할 수 있고, 해낼 수 있어. 지혜롭고 슬기롭게 헤쳐 나아갈 수 있을 거야.

진정 福된 하루하루가 되길 기도한다. 은혜와 행복으로 가득한 가정과 봉주의 미래가 앞으로 펼쳐질 것으로 확신한다.

2007. 3. 17
부대에서의 마지막 토요일 11:00
내가 나에게….

우리는 그들을 기억해야 한다

전역을 앞두고 소대원들과 함께

서해교전을 알고 있는가? 우리가 2002 월드컵을 즐기고 있는 사이 북한군을 막기 위해 나와 비슷한 나이의 또래 전우들이 죽었다.

그들은 군대 내에서는 일개 병사이고, 간부일 수 있다. 하지만 그들의 부모들에게 그들은 인생의 모든 것이 될 수 있다. 20여년을 넘게 금이야 옥이야 키워놓아 전역을 하거나 훗날 높은 간부가 되면 부모님께 효도를 할 고귀한 그들이, 그렇게 소중한 젊은이들이 죽었다. 선제공격을 하지 못해 더 많은 피해가 있었던 이 사건을 보고, 과연 그들의 최후를 보고, 우리의 등 뒤에 있는 조국을 믿고 목숨 바쳐 싸울 젊은이가 얼마나 있다는 말인가. 상황이 닥치면 싸우기는 하겠지만, 어딘가 믿는 구석이 있고 그만한 대우를 해준다면 훨씬 더 사기가 오르지 않을까?

북한을 형제로만 생각해서는 안 된다. 우리의 아들이고 형제인 군인들 대부분이 왜 최전방을 지키고 있을까? 지금 이 시간에도 북한은 우리를 위협하고 있다. 또 언제 제 2의 서해교전이 일어나 우리 군에게 피해를 입힐지 모른다. 우리의 주적이 누구인지 한번 잘 생각해 보아야 할 것이다.

우리의 전쟁은 아직 끝나지 않았다. 지금도 전국 각지에서 우리 국민들의 생명과 재산을 지키기 위해 밤낮을 가리지 않고 고생하고 있을 장병들과 그들의 가족에게 평안과 축복이 함께 하길 간절히 기원한다.

thanks to

저를 이렇게 건강하게 몸과 마음 다 바쳐 부족함 없이 키워주시고 끝까지 아들을 믿어주셔서 책이 출간되는 것까지 뒷받침해주신 두 부모님께 먼저 감사를 드립니다.

부족한 글 솜씨임에도 불구하고 정직한 글은 인정받을 수 있다고 격려해주시며 추천사까지 손수 써주신 최재선 교수님. 대학생활 끓어 넘치는 열정의 활로를 찾아준 학보사, 친구이자 선배인 윤기백 편집장을 비롯한 많은 선후배들에게도 감사의 마음을 표합니다.

산기대에서 찾은 보물 김진과 문덕현. 내가 부족한 부분을 진심으로 채워줘서 고맙다. 너희가 없었다면 난 학교에서 버티지 못했을 거야. 역시 우린 좋은 친구다.

내가 휴가 나왔을 때 세상에 적응하지 못하는 내게 공익근무를 하고 있는 도중 휴가를 내어서 내 말벗이 되어준 남현이, 남태, 병환이와 유한공고 동기들. 내 나이 또래에 나를 위해 그렇게 해준 친구들은 너희뿐이었다. 너희들과는 죽을 때까지 함께한다.

자신감을 가르쳐 주시고, 동문회 장학금으로 많은 선배들과 연을 맺게 해주신 박영욱 선생님, 삶의 지혜를 가르쳐 주신 남기호 선생님. 존재감만으로도 큰 기둥이 되어주시는 이원해 선배님과 대인관계를 가르쳐주시고 밥 많이 사주셔서 배부르게 해주시는 정균안 선배님과 휴가 나와서 방위

성금까지 챙겨주신 大유한공업고등학교의 大선배님들 감사드립니다. 제가 꼭 성공해서 선배님들과 같이 후배들에게 도움이 될 수 있는 선배가 되겠습니다.

   전역 후 정을 붙인 영흥교회, 목사님과 성가대장님, 성가대원들, 청년부 식구들 신앙으로 성숙 될 수 있도록 도와줘서 감사드립니다.

   보이지 않는 곳에서 저를 위해 기도해주시는 모든 분들께 이 책을 바치고 싶습니다.

   마지막으로 항상 저를 돌보아 주시고, 복을 주시는 하나님께 영광이 될 수 있다면 작고 미약한 제가 그 영광을 바칩니다.

   사랑합니다!